ちつのトリセツ
劣化はとまる

Be born《ビー ボーン》 助産院・産後養生院 院長
たつの ゆりこ 指導・監修
原田 純 著

本書をお買い上げくださったみなさまへ

あなたは、自分の体に、「穴」がいくつあるか知っていますか？

私たちには、目、鼻、耳、口、それから尿道口と肛門、女性には膣《ちつ》があるので、全部で10個の穴があります。これら10個の穴の内側は粘膜でおおわれ、健康な状態であれば、つねに粘液を分泌しています。

つまり、私たちの体にある10個の穴は、いつもしっとり、うるおっていなければならないということです。それが、穴の機能が正常であることの証《あかし》なのです。

けれども、これらの穴は、お肌と同じように、放っておけば乾燥します。乾燥が続けば、それが体調不良や病気の原因となり、ときには精神にまで影響を及ぼします。そのため、私たち女性が美しく健康であるためには、これらの穴をきちんとケアすることがとても大切なのです。

ところが、そんな大切なことが、日本では、これまでずっと見過ごされてきました。

実は私も、つい最近まで、穴のケアが必要だなんて、考えたことすらなかったのです。

そんな私に、穴のケアの大切さを教えてくれたのは、「Be《ビー》 born《ボーン》助産院・産後養生院」の院長、たつのゆりこさんです。

たつのさんは、看護師・助産師として大学病院などに勤務しながら東洋医学を学び、鍼灸師の資格を習得。その後、イギリスでアーユルヴェーダ由来の「ベビーマッサージ」と出会い、インドへ渡航するなどしてアーユルヴェーダを学び、日本でいち早くベビーマッサージの普及に尽力。探究心だけでなく、先駆的センスの持ち主でもあります。

最近、日本でも注目されているアーユルヴェーダは、5000年の歴史があるとされる世界三大伝統医学のひとつ。「自然と調和しながら健康的に美しく年を重ねること」を目的とするため、「若返りの医学」とも呼ばれています。

そのため、アーユルヴェーダでは、人間の体にあるすべての穴をケアすることが非常に重要と考えられていて、体を若く美しく健康に保つためには、穴のケアを日常的に行う必要があるとされています。

たつのさんは、それらの知識を生かし、これまで1000人以上の女性の出産介助や産前産後ケアを行ってこられました。ほかにも、聖路加看護大学で開催された「東京アーユルヴェーダ・フォーラム」で、アーユルヴェーダの知恵を生かした妊婦のケアについて講演したり、「伝統医学応用研究所」を立ち上げたりと、女性と子どもの健康に関わるさまざまな活動を行っています。

そんなたつのさんが、数年来、妊婦さんたちにすすめているのが、安産のための10の穴のケア。そのなかには、妊婦さんにはすでにおなじみの「会陰《えいん》マッサージ」も含まれています。

アーユルヴェーダが起源と思われる会陰マッサージは、膣口と肛門のあいだにある会陰だけでなく、肛門付近を含むすべての女性の外性器と、膣のなかにもオイルを塗りこんでマッサージを行うというもの。これを行うと、膣や会陰の筋肉が柔軟になるだけでなく、血行がよくなるのでうるおいも増し、安産になる確率が高くなるとされているのです。

近年、大規模調査[※1]が行われ、会陰マッサージの効果は、近代西洋医学でも広く認められるようになりました。そのため現在では、世界最高峰の臨床と研究が行われているイギリスのオックスフォード大学病院群[※2]やケンブリッジ大学病院群[※3]、

※1 Antenatal perineal massage for reducing perineal trauma. MM Beckmann et al. Cochrane Database of Syst Rev.
※2 Antenatal perineal massage: Information for women. Oxford University Hospitals.
※3 Antenatal perineal massage. Cambridge University Hospitals.

アメリカの看護助産師協会[※4]、そして日本では聖路加産科クリニック[※5]などが、妊婦さんたちに会陰マッサージを行うようすすめています。

ところが、たつのさんは、

「会陰マッサージを含む穴のケアは、妊婦さんだけでなく、大人の女性は全員、行ったほうがいいんです。

最近は、女性器の黒ずみやにおい、生理痛や性交痛などで悩んでいる若い女性が増えていますが、穴のケア、つまり〝膣ケア〟をすれば改善が見こめます。

膣は、無理なダイエットをしたり、冷え症だったり、長期間、挿入をともなうセックスをしていなかったり、40歳を過ぎて更年期が近づいたりすると、乾燥したり硬くなったりして、放っておけば、そのうち干《ひ》からびてカチカチになってしまうのですが、きちんとケアすれば、それもかなり改善されます」

と、おっしゃっているのです。

私は、たつのさんの話に、いちいちびっくりしたり、ショックを受けたり、怖《おじ》気《け》づいたりしながら、最初は恐る恐る、正直に言えばどこか半信半疑で、たつのさんがすすめるオイルケア入浴や、会陰マッサージ、骨盤底筋体操など、すべて

※4 Share with women: Perineal massage in pregnancy. American College of Nurse-Midwives.
※5「会陰マッサージの方法」聖路加産科クリニック

を実際に行ってみました。

するとなんと、60代になるまで「体質だからしかたがない」と思ってあきらめていた体調不良が、すべて改善・解消されてしまったのです。

それは、「まさか、嘘でしょ!?」と、叫びたいぐらいの、いえ、実際に叫んだほどの、衝撃の連続でした。以下に、改善された不調をざっと並べてみます。

☆若いころから悩んでいた、冷え症改善。
☆浣腸を常備するようになり、病院に行こうかと悩んでいた便秘が解消。
☆子どものころからの猫背が、いつのまにかシャンと伸び、
☆「カッコ悪いなあ」と思って、ずっと気にしていたお尻のへこみも改善。
☆気づかずにいたら手術することになっていたに違いない、子宮下垂《しきゅうかすい》が改善。
☆これも気づかずにいたら、間違いなく手術になっていたはずの直腸瘤《ちょくちょうりゅう》は完治。
☆カチカチになっていた膣は、やわらかくなって、うるおいを取り戻し、
☆頭痛、肩こり、腰痛もほとんどなくなり、
☆なんと、巻き爪まで完治！

まったく、信じられないほどの効果でした。

その効果は、体だけでなく、心のありようにまで及びました。自分に自信がもてず、いつも不安を抱えていたのに、「大丈夫。なんとかなる！」と思えるようになり、「もう女としての人生は終わり！」と思っていたのに、「ひょっとしたら、まだ女としても捨てたものではないかも……」とも思えるようになり、なんとなく、この先の人生が楽しみになってきたのです。


本書で紹介するセルフケアは、インドや欧米で行われているセルフケアを、たつのさんがご自分の臨床経験に基づき、日本人女性向けにアレンジしたり、工夫を加えたりしたもので、妊婦さんたちが行っている会陰マッサージの効果を、より高める方法でもあります。

けれども、妊娠している方は、かならず助産師や医師と相談のうえで行ってください。効果が高いだけに、どの時期に、どの程度まで行うかの見極めが必要だからです。

膣のセルフケアは、インドや欧米ではあたりまえに行われていることですが、無理は絶対にしないでください。日本人女性は、自分の体にさわることに慣れていないので、嫌悪感や罪悪感をもつ方もいるでしょう。緊張したり、恐怖を感じたりすることだってあるかもしれません。

そんなときは、アロマやキャンドルなどを使ってリラックスできる雰囲気を作り、楽な気持ちで、自分の体をいとおしみながら行ってください。穴のケアは、リラックスして、不安なく行うことが大切だからです。

続けていれば、1カ月もしないうちに効果が感じられるようになるはずです。そうなれば緊張もやわらぎ、ケアが楽しくなってくるでしょう。

◎タイトルでは「ちつ」と表記しましたが、読みにくくなるので、本文では「膣」と漢字表記に統一いたしました。膣は、月（肉づき）と窒（「穴」または「ふさがる」という意味を持ち、音を表す語でもある）から成っていますが、現在では「腟」という字が使われることもあります。

contents

第3章

第4章

セルフケアについて知る

第5章

セルフケア　実技編

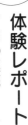

第1章

女性器について知る

女性は、すべての穴をケアしなければならない

目や鼻は、女性器とつながっている

たつのゆりこさんに初めてお目にかかったのは、東京の、とある居酒屋の個室でした。

女性の体、しかも下半身の話が中心でしたので、まわりの人にこちらの話が聞こえないほうがいいと思い、普段はお酒を飲まないというたつのさんには申し訳なかったのですが、あえて個室のある居酒屋を予約しました。

昔は「お産婆《さんば》さん」と呼ばれていたため、助産師と聞くと初老の女性を想像するかもしれません。けれど、お目にかかった当時、たつのさんは53歳。研究熱心でエネルギーにあふれた女性とうかがっていたのですが、前夜、お産の介助があったそうで、少しお疲れのように見えました。

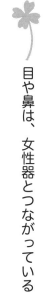

「たつのさんは〝女性は、すべての穴をケアしなければならない〟とおっしゃっていますが、そこには、膣も含まれるのでしょうか？」

私は挨拶もそこそこ、いきなり本題に入ってしまいました。膣の話なんて、相手が女性でも、一度もしたことがなかったからです。そんなことを話題にするのは、下品なこと、恥ずかしいことと、長年、思いこんでいたため、いつになく緊張していたのです。

「もちろん含まれます。というより、私は助産師ですから、そちらがメインです」

あっさり返された私は、それだけで、一瞬、言葉につまってしまいました。たつのさんは、黙って私の次の言葉を待っています。

「すみません。こういう話をするのは、初めてなので……」

とっさに、言いわけ。

「こういう話って？」

気づいたら、目の前にあったおしぼりを握りしめていました。おしぼりからそっと手を離し、なにごとでもないという調子で言いました。

「膣の話です」

「そうですか。私は、いつも、膣の話ばかりしていますけど」

思わず、笑ってしまいました。

「そうですよね。それがご専門ですものね」

たつのさんのおかげで緊張がゆるみました。

「ええと、まずは、なにからうかがえばいいかしら……」

自分なりに話の流れを考えてはいたのですが、気持ちを落ち着かせるため、ちょっと間《ま》を取るつもりでそう言いました。

すると、たつのさんから助け舟。

「まずは、膣以外の穴の話をしましょうか？」

「お願いします」

たつのさんは小さく笑って、口火を切ってくれました。

「女性の体には、全部で10個の穴があります。目、鼻、耳はふたつずつ。口、尿道口、膣、肛門はひとつずつ。合計10個ですね」

私は指を折って数え、それからうなずきます。

「これら10個の穴は、すべてセルフケアが可能です。なぜその10個の穴をケアする必要があるかと言うと、それらの穴はすべて、体全体と深く関わっているからです。

鎖骨から上にある穴は、脳と深い関わりがあるのですが、実は骨盤内の臓器とも深いつながりがあります。

たとえば、脳の中心部、目の奥にある視床下部《ししょうかぶ》や下垂体《かすいたい》は、目から入ってくる光に反応してホルモンのバランスを整えていて、女性ホルモンも、そこで調整されています。つまり目は、女性の生殖機能と密接に結びついているわけです(49ページ参照)。

鼻は〝脳の入り口〟とアーユルヴェーダでは言われています。鼻がつまっていると、頭がぼーっとしますよね？　鼻の機能が正常でないと、脳にも支障がでるということです。

それだけでなく、鼻と女性器は、昔から深いつながりがあると言われていて、たとえば産後に体調を崩す妊婦さんは、たいてい鼻がつまっています。産後の乳房のトラブルも、鼻づまりを治し、鼻呼吸がしっかりできるようになると、多くの場合、改善されます。

耳は、自律神経と深いつながりがあります。東洋医学で言うツボもたくさんありますし、腎臓とも関係しているとされています。ですから、耳は、とくにていねいにケアをする必要があります。

口の筋肉は顔の美しさやシワとも関係していますが、口は、体のなかの老廃物が出てくる場所のひとつでもあります。そのためアーユルヴェーダでは、毎朝、口のなかをケアするために、舌みがき専用のタングスクレーパーなどで舌ゴケを取ったり、オイルでうがいをしたりするようすすめています。

〝健康とは、視覚・聴覚・嗅覚・味覚・触覚の五感すべてが健康であること〟とされているアーユルヴェーダでは、穴のケアが非常に重要視されているのです」

たつのさんの話は、アーユルヴェーダだけでなく、東洋医学から近代西洋医学にまで及び、よどみなく続きます。私は、圧倒される思いでたつのさんの話に耳を傾けていましたが、心のなかには、かすかな不安がありました。

当時、私は、お酒は飲むし、タバコも吸う。夜ふかしはするし、やけ食いもする。そのうえ、業績が不安定な会社を経営し、夫とはトラブルを抱えたまま別居中。まさにストレス満載、不健康の極み、改善すべき生活習慣が山積みという状態だったのです。

たつのさんにお目にかかる2年ほど前、私の会社から、アーユルヴェーダ研究家でサトヴィック・アーユルヴェーダ・スクールの代表でもある佐藤真紀子さんと、インド・スパイス料理研究家の香取薫さんの共著『アーユルヴェーダ食事法　理論とレシピ』という本を出版しました。そのときは、メインテーマが、私の大好きな「食べること」。生活習慣の改善を迫られることもなく、担当編集者の作業を楽しみながら手伝うことができたのですが、たつのさんと本を作ることになれば、生活習慣の改善を迫られるに違いありません。けれど私には、長年の悪習から抜けだす自信がまったくなかったのです。

それでも、私がたつのさんのお話を聞きたいと思ったのは、『アーユルヴェーダ食事法』を編集していたときに知ったアーユルヴェーダのさまざまな治療法のなかで、ひとつだけ、耳にしたときからずっと気になっていたことがあったからでした。

それは、「膣や子宮のなかにオイルを入れる」という治療法です。聞いたときはかなり驚きました。でも、そのときは、効果効能もよくわからないまま。そのため、いつかその治療法のことをきちんと知りたいと、思っていたのです。

膣は、ケアをしないと干からびる！

「それでは、下の穴、膣の話をしましょうか？」

「はい、お願いします」

「膣は、お手入れをしないと、すぐに乾いたり硬くなったりします」

「えっ⁉　乾いたり硬くなったりする？　膣が、ですか？」

私は、思わず目を見開き、聞き返しました。

「そうですよ。ご存じなかったのですか？」

「はい。ぜんぜん知りませんでした……なんで、そんなことが起こるのですか？」

たつのさんは笑《え》みを浮かべながら、答えてくれました。

「膣は筋肉です。その筋肉を粘膜がおおっていて、粘膜は粘液を分泌しています。粘液が分泌されているということは、そこがいつもうるおっているということです。目や耳、鼻や口も粘膜でおおわれています。粘液が分泌されているので、いつもうるおっていて、細菌の侵入を防いでくれます。

膣も同じです。膣は、うるおっているのが健康な状態です。膣だけじゃなくて、膣口や、膣口と肛門のあいだにある会陰、それから尿道口も肛門も、健康であれば、つねにしっとりうるおっています。

けれども、ストレスがたまったり、食生活が乱れたり、夜ふかしが続いたり、それから、ホルモンバランスが乱れる妊娠前後や、更年期、閉経前後には、体が冷えて血流が悪くなります。そうなると、粘膜から分泌される粘液が減って体が乾きます。その結果、膣の粘膜が薄くなり、やわらかさが失われてくるのです。そのまま放っておくと、膣は乾いてカチカチになります」

「カチカチ⁉　カチカチですか？」

「うるおいがなくなって、硬くなるということです。個人差はありますが、更年期になったり、閉経したりすれば、誰にでも起こることです。

ところが最近は、若い人のなかにも、膣や会陰が乾いたり硬くなったり、たるんだりしている人が増えているんです。

みなさん、お顔のことばかり気にしていますけど、膣も、顔と同じように乾燥したり、たるんだりするんです。使っていないと、なおさら早くから硬くなったり、たるんだりします」

「使っていない？」

「ええ、セックスをしていない人です」

たつのさんは、またまた、さらりと言い切ります。

「……セックスをしていないと、乾燥するのですか？」

「そうです。セックスは、言ってみれば女性器をマッサージしているようなものですから、セックスをすれば、血行が良くなって乾きも改善されます。だから、年齢にもよりますが、健康のためには月に2～3回、それがむずかしいなら月に1～2回でも、セックスをしたほうがいいんです。

でも、最近はセックスレスの人がとても多いですよね。若い人でも〝子どもが欲しいから、排卵日だけ、がんばりました〟なんて言う人が珍しくありません」

「私もです。……実は私、もう20年以上、そういうことをしていません」

突然の告白。自分でも、びっくりしました。

「その気になれない」と言ってそっぽを向く夫との関係に深く傷ついていた私は、ごく親しい友人にしか、そのことを打ち明けていませんでした。それなのに、たつのさんとは初対面だったのに、なぜかこのとき、ふいに口をついて出てしまったのです。

「ご結婚は？」

「していますが、別居中です。セックスは、別居するずっと前からしていなかったので、もう20年以上していません」

　話しているうちに、なんとなく気が重くなってきました。言わなければよかったと思ったそのときです。

「それは大変！」

　またまた思いがけないことを言う、たつのさん。

「えっ、大変？　なにが大変なんですか？」

「マスターベーションは？　していますか？」

「えっ？　マスターベーション？」

「ええ、最近は〝セルフプレジャー《自分を喜ばせる》〟とも言うようですが、マスターベーションはとても大切なのです。でも、クリトリスをさわるだけではダメですよ。膣のなかに指を入れて、膣壁や子宮口をマッサージすることが大事なんですが、いかがですか?」

情けないことに、私はたじたじ。まさか、そんなことを聞かれるなんて……。

でも、返事をしないわけにはいきません。

「いえ……、私はもうすぐ60歳になりますから。性欲もありませんし……、もう、そういうことは卒業しました」

「なにを言っているんですか。だめですよ、原田さん!」

そのあと、人に聞かれるとまずいと思ったのか、たつのさんはちょっと首をすくめ、小さな声で言いました。

「膣は、使わないと萎縮《いしゅく》するんです!」

「萎縮!? 萎縮って……、小さくなるということですか?」

「そうです。先ほども言ったように、膣や外性器は粘膜ですから、うるおいが失われると干からびてくるんです!」

「干からびる……」

たつのさんの顔を見つめたまま、絶句しました。

「どんなものでも、水分が失われると、乾いて、硬くなったり小さくなったりしますよね。女性器も同じです」

言葉を失っている私の前で、たつのさんが、やれやれと言うようにため息をつきます。

女性器の乾燥がもたらす、セックスよりもっと困った問題

「日本の女性は、自分の体のことなのに、女性器について、本当になにも知らないんですよねえ」

「だけど……、私はもう、セックスなんてすることはないと思いますし、干からびたって別に困るわけではないので……、セックスなんて、しないと決めてしまえば、そのほうが、かえってさっぱりするような気もしますけど……」

歯切れが悪い私を見るたつのさんの眉間《みけん》には、縦じわが寄っています。

「いいですか、原田さん、これはセックスだけの問題ではないんです。脅すようですが、女性器が干からびたり、たるんだりすると、女性の体には、セックスよりもっとずっと困った問題が起きてくるんです。最近は、尿もれを起こす女性が

増えていて、痔《じ》や便秘、便もれだってめずらしくありません。それにも女性器の冷えや乾燥が関係しているんです。女性器が乾燥したり、硬くなったり、たるんだりすれば、体だけでなく、脳にも、精神にも影響が出てくるんですよ」

「脳⁉　精神も、ですか？」

「そうです。女性器が硬くなると、頭も硬くなるんです。記憶力もおとろえるし、精神的にも不安定になって、不定愁訴とか、イライラとか、そういうことにもつながってきます。覚えはないですか？」

そのとき頭をよぎったのは、「女のヒステリーは欲求不満のあらわれ」という、女性をあざ笑うかのような俗説。

「イライラはしょっちゅうですが、それは仕事がうまくいかなかったり、忙しかったりするからで、セックスとは関係ないと思いますけど……」

私は、不快感を押し殺して、そう答えました。

「もちろん、セックスをすればいいということではありません。大事なのは、うるおい。それと柔軟性です。これは、意識の問題にも関わっているんです」

たつのさんは、そこでもう一度ため息をついて、さらに続けます。

「最近は、これから出産するという妊婦さんのなかにも、イライラしている人が本当に多いんです。みなさん、それだけ疲れているんでしょうけど、そういう方は心に余裕がないのか、夫婦生活なんてしたいとも思わないようです。だからでしょう。診察すると、まだ更年期でもないのに、たいてい膣や会陰が乾いたり硬くなったりしています。そんな状態では夫婦生活も楽しめないでしょうし、どうやって妊娠したのか、不思議に思うほどです。

出産が近づけば、普通、頭も心もゆるんでくるし、膣や会陰もやわらかくなってくるはずなんですが、心も体も硬いまま。やわらかくならない方が増えているんです。そのせいだと思いますが、最近は、昔より難産も増えています。だから私は、うちに来る妊婦さんには、膣や会陰を柔軟にするオイルマッサージをすすめています。それが会陰マッサージ。いわゆる膣ケアです。

もっとも、会陰マッサージだけ熱心にやっても、それだけでは、あまり効果がでないんですよね。とにかく、みなさん、すごく冷えているし、心も体もカチカチだから。まずは冷えを取ることから始めないと……」

不快感はどこへやら。たつのさんの話を聞いているうちに、日本人女性の体には、なにか大変なことが起きているのかもしれない、という気がしてきました。

オイルケアで、膣も心もやわらかくなる!?

「原田さんは、ヨニ・ピチュを、ご存じですか？」

たつのさんにそう聞かれて、またびっくり。実は、私が前から気になっていたアーユルヴェーダの治療法とは、まさにそのヨニ・ピチュのことだったのです。

アーユルヴェーダでは、オイルが若返りや健康の維持、不調の改善に大きな効果をもたらすとされているため、体のあらゆるところをオイルでケアします。額の上からゆっくり薬用オイルを垂らしていく、「シロダーラ」と呼ばれる施術の様子をテレビなどで目にした方もいるでしょう。シロダーラは、脳をリラックスさせ、疲労回復に効果があるとされていますが、アーユルヴェーダで行われるオイルケアは、シロダーラだけではありません。薬用オイルを目に入れたり、耳に入れたり、肛門から入れて腸の機能を整えたり。それらは、インドにあるアーユルヴェーダの病院で、日常的に行われている治療法なのです。

ヨニ・ピチュも、そのようなオイルケアのひとつ。婦人科系の病気の治療や、不妊、不調の予防・改善のために行われるとのこと。「ヨニ」は女性器のこと、「ピチュ」は「浸《ひた》す」という意味で、薬用オイルに浸した綿球（棒状のものもある）を膣に入れ、しばらくそのままにしておくという治療法です。ときには子宮のなかにオイルを流しこんだりすることもあるそうで、初めて聞いたときは、そこまでするのかとびっくりしました。

けれども、長年ひどい生理痛に苦しめられ、女の体をもって生まれたことを、心底、恨めしく思っていた私は、ひょっとしてそれは生理痛にも効果があるのだろうかと、強く興味をひかれました。

あまりの苦しさに耐えかねて受診した婦人科では、子宮と大腸が癒着しているとか、子宮後屈のせいだとか、子宮内膜症とか言われたあげくに子宮がんと誤診され、結局、閉経するまで、生理痛はまったく改善されませんでした。そのため、その分野では、近代西洋医学に対し、かなりの不信感をもっていたのです。

とはいえ、性的なことに結びつくからか、ヨニ・ピチュのことは、インドでもあまりおおっぴらには語られていないようです。私も、なんとなく口にするのがはばかられ、すでに閉経して切実感が薄れていたこともあって、結局、詳しいことはわからないままになっていました。

もしかしたら、たつのさんはご存じかもしれないと思ってはいたのですが、初めて会ったその日のうちに、私がずっと知りたいと思っていたヨニ・ピチュの話になるとは考えてもいませんでした。

「インドのアーユルヴェーダの病院では、出産前になったらヨニ・ピチュをするんです」

「ホントですか⁉　それで？　ヨニ・ピチュには、どんな効果があるんですか？」

「ヨニ・ピチュをすると、膣や会陰が、驚くほどやわらかくなり、産後の回復も早くなります」

「やわらかくなる⁉　……具体的には、どうするんですか？　綿を入れるんですか？」

「私の助産院で行っているのはヨニ・ピチュではなく、先ほどお話ししたように、日本で〝会陰マッサージ〟とよばれているオイルケアです。妊婦さんが安定期に入ったら、まずは会陰と肛門まわりをオイルでマッサージしてもらい、慣れたら大陰唇《だいいんしん》や小陰唇《しょういんしん》、膣口にもオイルをやさしく塗りこんでもらいます。37週目に入ったら、膣のなかにも、指でオイルを塗りこんでもらうのです。〝会陰マッサージ〟と言っても、会陰をマッサージするだけではないんです。だから私は〝ヨニ・ケア〟と言ったりもしていますけど」

「……指で、するんですか？」

「そうです」

「膣のなかに自分の指を入れて、オイルを塗るんですか？」

「ええ、そうですよ。やり方とか、やる時期とかはお教えしますけど、あとは自分でやってもらいます」

「すっ、すごいですね……」

私は、思わず知らず、体を引きました。

「男性にはさわらせるのに、自分でさわるのはイヤですか？」

たつのさんは笑っていますが、目の奥に鋭さがあります。

「いえ、そういうわけではないですが、……まあ、そう言われれば、そういうことになってしまいますが……」

私は、口のなかでモゴモゴと言いわけを探します。

「膣のなかに指を入れるのがイヤなら、外側にオイルを塗るだけでもいいし、オイルを染み込ませたコットンを、ナプキンのように当てておくだけでもいいんです。膣に直接、塗ったほうが効果はありますけどね。

インドでは、妊婦だけでなく、尿もれや生理痛、性交痛の治療や、更年期や閉経後に起きるさまざまなトラブルの治療にも、オイルが使われているんです。原田さんは膣をぜんぜん使っていないわけですから、膣がカチカチになっているかもしれません。ひょっとしたら、そのせいでセックスより困った問題が起き始めている可能性もあります。ぜひ、オイルケアを行ってください！」

たつのさんは、真剣な顔。

だけど私は、「はあ〜」と言ったきり無言。

顔には出しませんでしたが、実はこのとき、心のなかで「なんて失礼な！　そんなことあるはずがない！　私は大丈夫！」と思っていたのです。

「大丈夫！」に、一切、根拠はありませんでした。実際はどうなっているか、まったくわからなかったのです。それでもとにかく、「カチカチになんて、なっているはずがない！」と思いました。ましてや、膣のなかに指を入れてオイルを塗りこむなんて、考えただけでもイヤでした。そのため、そのときは、たつのさんの忠告に従う気には、まったくなれなかったのです。

私が出産を控えた妊婦だったら、安産のためと思ってチャレンジしたかもしれません。でも、60歳近くなって、セックスをする相手もいなければ予定もない私が、なんのためにそこまでやる必要があるのか、このときは少しも理解できませんでした。たつのさんから、「セックスだけの問題ではない」と聞かされていたのに、セックス以外に、そんなことをする意味がどこにあるのか、想像すらできなかったのです。

それでも、私のなかには、たつのさんの話をもっと聞きたいという強い思いがありました。「ひょっとしたら、多くの日本人女性の体に、なにかとんでもないことが起きているのかもしれない」という直感のようなものがあったからです。私は、日を改めて、もう少しくわしくお話をうかがわせてほしいとお願いして、たつのさんと別れました。

私の大陰唇や小陰唇、しなびて小さくなっていました

その夜、たつのさんと別れて帰宅した私は、久しぶりに自分の女性器に触ってみることにしました。たつのさんの話を聞き、自分のものがどうなっているか、確かめてみたくなったのです。

「カチカチになっているかもしれない」と言われ、思わずムッとしたものの、心のどこかに、もしかしたら……という不安が芽生えていました。

心を落ち着かせるため、深呼吸を1回。

それからおもむろに、外性器を指でなぞってみました。

すると……！　私の大陰唇、小陰唇は、確かに、しなびて小さくなっている感じなのです。なぜか「ヤバイ！」と思いました。

鏡をもってきました。考えてみれば、何十年ぶりのご対面です。それほど長いあいだ、私は自分の女性器に関心をもつことなく過ごしてきたのです。

じっくり観察しました。やっぱり確かに、間違いなく、私の外性器は小さくなっ

欧米ではあたりまえ？
YouTubeにアップされた会陰マッサージの画像――ヨーロッパ

安産になる可能性が高くなるとされ、その効果が近代西洋医学でも認められている会陰マッサージ。アメリカ、イギリス、スペイン、イタリア、オーストラリアなどでは、かなり普及しているようだ。

ヨーロッパでは、会陰マッサージのやり方を教える模型を使っての動画まで、YouTube にアップされている。

それらの動画を見ると、「会陰マッサージのやり方」を紹介している日本のイラストなどとくらべて、はるかに大胆。潤滑油などを外性器に塗りこんだあと、親指を膣口に入れ、ぐいぐい押しながら膣口を広げている。両手の親指を２本そろえて入れ、膣口をグワーッと横におし広げているものさえあって、圧倒される。

一般的に言って、欧米人女性の膣口は、日本人女性の膣口より大きいうえに肉厚なので、日本人女性が、欧米人女性のやり方を真似る必要はないだろう。しかし、それらヨーロッパの動画を見ていると、「ここまでやっても大丈夫なんだ」という安心感のようなものがわいてくる。

ただし、妊娠している方は、かならず助産師さんやお医者さんと相談のうえで行う必要がある。

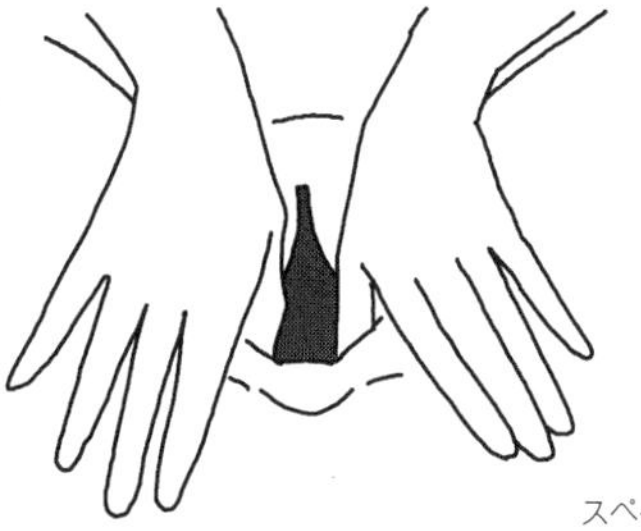

スペインの YouTube より

★以下はすべて YouTube。
フランス……　le massage du périnée avant l'accouchement _ YouTube
スペイン……　El masaje perineal, Roser Palau _ YouTube
スペイン……　¿Qué es el masaje PERINEAL? Laboratorios Rubió _ YouTube

ていました。昔はふっくらぽってりしていた大陰唇は、いつのまにか厚みを失って、ぺったり、のっぺりしています。大陰唇の奥の、肉厚の花びらのようだった小陰唇も、厚みを失い、小さく縮こまってクシュッとなっています。まさに、枯れ果てている風情……。

ショックでした。客観的にどう見えるかはともかく、自分では、実年齢より見た目は若いはず、と思っていました。たつのさんには「そういうことは卒業した」と言いましたが、本音を言えば、いい人がいたらセックスだってしてみたいと思っていたのです。

それなのに、なんということでしょう。知らないうちに、いつの間にか、私の外性器はこんなにも縮こまり、しなびていたのです。

年をとるとはこういうことか……、しばし、呆然としました。

「セックスぐらい、しようと思えばできる」と思っていたのに、このままでは「しようと思ってもできない」かもしれません。

そのとき、居酒屋の個室で聞いた、たつのさんの言葉がよみがえってきました。

「そりゃあ、若いころと同じというわけにはいきませんよ。でも、きちんとケアをすれば、膣にはうるおいが戻ってきます。原田さんの年齢なら、まだぜんぜん遅くありません。セックスのためでなく、健康のためと思ってやってください」

熱く語るたつのさんを思いだしたら、不意に「やってみようかな」という気持ちになりました。「このまま枯れ果てるのはイヤだ。セックスなんて、このまま、もう二度とすることはないかもしれない。だけどやっぱり、しようと思えばできる体でいたい」と思ったのです。

そしてもうひとつ、便秘がひどくなって浣腸を常備するほどになり、病院に行くしかないかも……と思っていたことも、セルフケアをやってみようかと思った大きな要因となりました。それほど期待はしていなかったものの、本当に便秘が治るなら、やってみる価値は十分にあります。

とはいえ、すぐに始めたわけではありませんでした。

それからも、ぐずぐず悩んでいたのです。自分の体が老いてきていること、外性器が萎縮していることは、認めざるを得ませんでした。それでも、まだ外側をさわっただけだったので、危機感が薄かったのです。

実は、そのころ、私の体のなかでは、たつのさんが言う「セックスよりもっとずっと困った問題」がじわじわと進行していたのですが、私はそのことに、まったく気づいていませんでした。

第2章

女性器劣化はこうして起きる

あなたの膣は、大丈夫ですか？

数日後、私は東京の閑静な住宅街にある、たつのさんの助産院をたずねました。

遠くから、産まれたばかりの赤ちゃんの、鳥のさえずりのような、やさしい泣き声が聞こえてきます。ベランダでは、洗いあげたタオルやシーツが、ふわりと風になびいています。ゆったりと流れる空気のなかで、たつのさんのお話が始まりました。

日本人女性の〝産む力〟は、弱くなっている

最近は、病院で出産する人がほとんどですから、目にする機会はあまりないと思いますが、自然分娩が順調に進めば、出産のとき、女性はまさに匂いたつようにきれいになります。全身が紅潮して淡いピンク色になり、パートナーに見せなければもったいない、と思うほどの美しさです。

陣痛の波が、潮の満ち引きにも似た独特のリズムを刻むようになると、全身がやわらかくゆるみ始め、産道となった膣は、蓮《はす》の花が開くときのように、少しずつゆるみながらふくらんできます。その蓮の花のなかから、胎児の頭が見えてく

るのです。その瞬間の女性は、まさに神々《こうごう》しく、とても神秘的です。

出産をグロテスクなものと思っている方もいると思いますが、自然分娩で出産しているときの女性は、ある意味、女としての美しさの頂点にいると言ってもいいでしょう。

出産するすべての女性が、宇宙との一体感が味わえる感動的なお産を体験できればいいのですが、実は最近、そういうお産が少なくなっています。

その理由のひとつに、出産する時期になっても、母体が冷えて硬いまま、やわらかくならない、ということがあります。

赤ちゃんが〝もうすぐ、産まれるよ！〟という信号を出しているのに、女性の体が〝産める体〟にならないのです。出産時になれば、やわらかくなるはずの膣や会陰が、いつまでたっても硬いままなんです。そういう人がとても多いんです。

膣や会陰が冷えていて、硬いまま、やわらかくならないと、どういうことが起こるかわかりますか？

赤ちゃんの頭は、直径10センチほどもあります。いよいよというとき膣や膣口が伸びて広がらなければ、赤ちゃんは出てくることができません。出てくるのに時間がかかってしまうのです。

お産が長引けば、それだけ赤ちゃんにとって負担になります。もちろん母体にも影響がでます。そのため、いよいよ出産となったら、会陰を切開する病院が少なくありません。会陰をハサミで切って膣口を広げ、赤ちゃんが楽に出てこられるようにするのです。

最近は、陣痛が途中で弱くなってしまう微弱陣痛も増えているので、陣痛促進剤の使用や吸引分娩なども増えています。早産や流産も増えています。だから、このごろ私は、日本人女性はもう自然分娩なんかできなくなっているのではないか、とすら思っているんです。女性の〝産む力〟がそれだけ弱くなってしまっているんですよ。

膣や会陰が冷える原因

膣や会陰が冷えて、乾いたり硬くなったりすることで起きる問題は、難産だけではありません。妊娠・出産を経験していない女性にも、生理不順、生理痛、性

▽お勉強コラム――会陰切開や難産は冷えが一因!?

かつては「無理をすると会陰が裂ける。切開すれば出産後の女性の尿もれなどの予防にもなる」とされていたため、欧米では会陰切開が普通に行われていた。

しかし1985年、世界保健機構《WHO》が「会陰切開を慣例的に行うことは正当ではない。ほかの方法での会陰部の保護が検討されるべき」と勧告[※1]。

その後、欧米では研究・調査がくり返され、現在、イギリスでは、どうしても必要な場合以外、会陰切開は行わないほうがいい[※2]とされ、アメリカでも、2006年には17.3%であった会陰切開は、2012年には11.6%にまで減少[※3]している。

ところが日本では、現在でも、経膣分娩をする女性の80%ぐらいが会陰切開を受けるとされ、ＷＨＯが減らすべきとする帝王切開も過去20年で約２倍に増加[※4]。ＷＨＯが10%を超えるべきではないとする陣痛促進剤の使用も、ある調査では30%を超え[※5]ている。

これには、高齢出産や人工授精などの増加の影響があるとされているが、2011年、冷え症の妊婦は、冷え症でない妊婦にくらべて、早産が約3.5倍、遷延《せんえん》分娩（陣痛が起きてから出産までの時間が長くかかる分娩）が2.4倍、微弱陣痛が２倍、前期破水が1.7倍も多い、という論文[※6]が発表される。

50年ほど前は約36.9度だった日本人の体温は、最近は高い人で36.2～36.3度、ほとんどの人が35度台だという[※7]。

会陰切開や難産が減少しないのは、日本人女性の体が冷えていることに一因があるのかもしれない。

ちなみに、経膣分娩による骨盤底筋のおとろえの要因は、巨大児、遷延分娩、会陰切開、鉗子分娩、促進分娩など[※8]とされている。

※１ WHO「出産科学技術についての勧告」1985年
※２『エビデンスに基づく助産ガイドライン――分娩期　2010』一般社団法人 日本助産学会
※３ Variation in and factors associated with use of episiotomy. AM Friedman et al. JAMA
※４「今では、約５人に１人が帝王切開で出産」　帝王切開ナビ
※５「陣痛促進剤」　プレママタウン
※６「妊婦の冷え症がもたらす異常分娩の解明」中村幸代　聖路加看護大学大学院
※７『体温力』石原結實著　ＰＨＰ新書
※８『産科と婦人科』Vol.83 No.8　診断と治療社

交痛、頭痛、肩こり、腰痛、便秘、尿もれなど、さまざまなトラブルが起きてきます。肌が荒れたり乾燥したりして、美容にもよくありません。性欲がなくなったり、オーガズムに至れなかったりして、セックスが楽しめなくなることもあります。

更年期の方、それから、まだ更年期でもないのにそのような不調があるという方は、生活習慣や食生活を見直し、できるだけ早くケアを始めることをおすすめします。脅かすようですが、きちんとケアをしておかないと、まだそんな年ではないのに、膣が萎縮してしまったり、骨盤底筋がおとろえてしまったりするからです。

骨盤底筋って、最近よく耳にしませんか？　骨盤内の一番下にある筋肉や筋《すじ》の総称で、骨盤内にある小腸・大腸・子宮・膀胱・尿道などの臓器が落ちてこないように支える役割をしているのですが、膣や会陰が冷えて、乾いたり硬くなったりすると、骨盤底筋がおとろえてくるのです（102ページ参照）。

骨盤底筋がおとろえてくると、尿もれや便秘などが起こりやすくなります。骨盤底筋がおとろえる原因は、以前は、経膣分娩や肥満などが多いと考えられていたのですが、最近は、出産経験がなく、肥満でもない20代の女性の25％近くに、骨盤底筋のおとろえによる尿もれが起きていると言います。※1

尿もれパットを販売しているユニ・チャームの調査※2では、尿もれに悩む女性は、30代で30％以上、40代で40％以上、50代では50％以上。いまや日本人女性の４割、２０００万人を超える人が尿もれに悩んでいるとも言われているのです。※3

人ごとではないということですね。病気でもないのに尿もれがある人は、年齢に関係なく、骨盤底筋がおとろえ始めていると考えたほうがいいでしょう。骨盤底筋がおとろえると、骨盤内にある膀胱、尿道、子宮、大腸、小腸などが下がってきて、そのままにしておくと、それらの臓器が膣口から外へ出てきてしまう〝骨盤臓器脱〟という疾患になる可能性があります。98ページでくわしく説明しますが、この疾患は少しも珍しくない、ごく普通にある疾患です。以前は閉経後に起きることが多いとされていたのに、最近は30代でも起きることがあるのです。

骨盤臓器脱は、早いうちから予防することがなにより大切です。進行すると、生活に大きな支障がでるため、ほとんどの場合、手術をすすめられます。女性にとってはかなりつらい手術です。術後の再発や合併症などの心配もあります。

※１「若年女性および高齢女性の骨盤底筋機能と腹圧性尿失禁の関連」　日本理学療法士協会
※２「骨盤底筋先進国フランスの『ペリネ』から学ぼう」ユニ・チャーム
※３「尿が漏れる・尿失禁がある」日本泌尿器科学会

ですから、膣や会陰の冷えは、できるだけ早く取り除く必要があるんです。
膣や会陰が冷える原因となる、代表的なものをいくつかあげてみましょう。

ブルーライト
夜更《よふ》かし
ストレスや緊張
冷え症
体に負担をかける食事
砂糖の摂りすぎ
セックスレス
呼吸が浅い

現代女性であれば、ほとんどの人が、思い当たるのではないでしょうか？
それぞれの項目について、もう少しくわしく説明していきましょう。

ブルーライト

昔の人は〝出産前後は目が疲れるから、針仕事をしてはいけない。本も読んではいけない〟と言いました。当時は、医学的なことは、まだよくわかっていなかったと思いますが、いまは、このことが科学的に証明されています。

目の奥、脳の中心にある視床下部は、そのすぐ下にある下垂体と連携して性欲や食欲などにかかわるホルモンを生産し、同時に卵巣で生産される女性ホルモンのコントロールも行っているのです。

視床下部や下垂体は、いわばホルモンの分泌や制御を行う司令塔のようなもの。つまり、目と女性器は、深いところでつながってい

視床下部・下垂体と女性器の関係

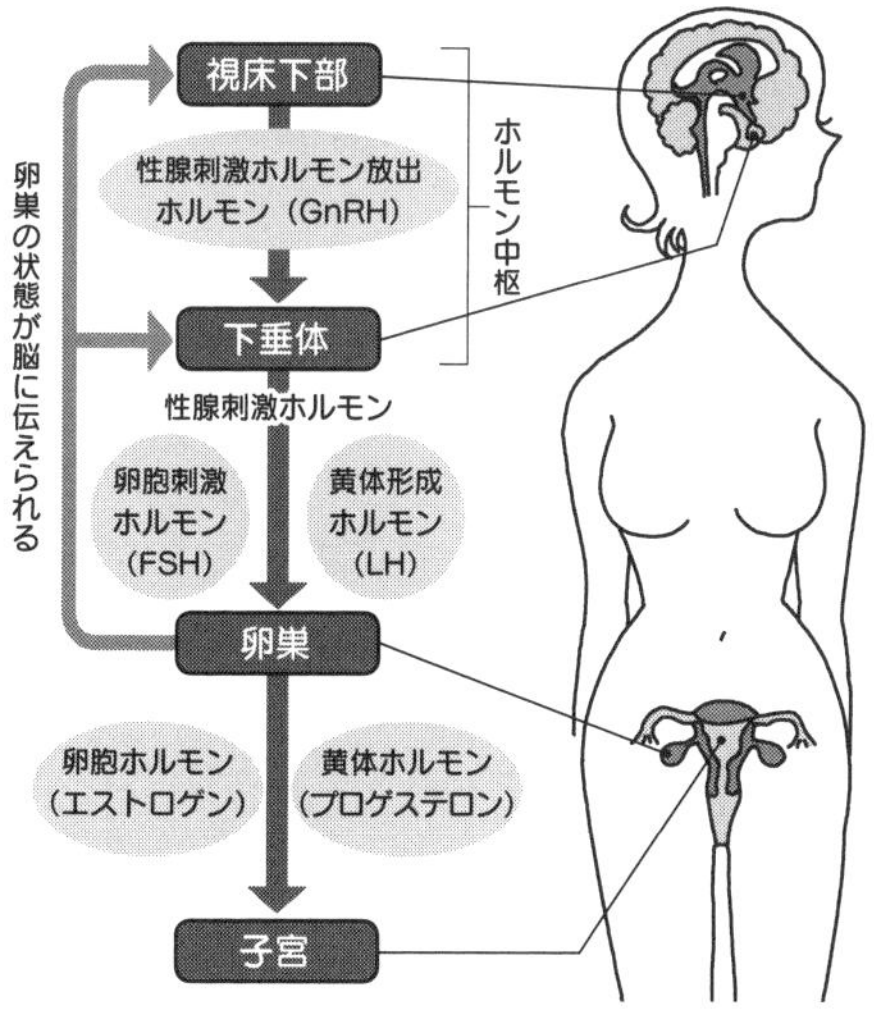

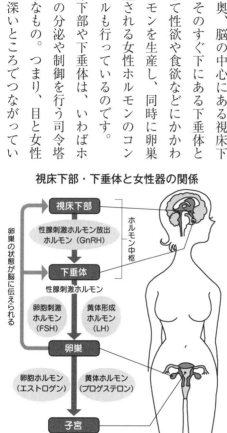

るのです。目を疲れさせてはいけないという昔の人の教えは、科学的にも根拠のあることだったのです。

妊娠していなくても、夜中にスマートフォンやパソコンを見続けていると、体に不調が起きます。視床下部や下垂体から発せられる指令は、すべて、目から入る光（太陽光）に対応して行われているからです。だからこそ、女性ホルモンのバランスを整えようと思ったら、太陽の動きに合わせて早寝早起きをする必要があるのです。

ご存じの方も多いと思いますが、パソコンやスマートフォンで使われ

▽お勉強コラム――ブルーライトは女性の大敵？

日本の眼科医が名を連ねる「ブルーライト研究会」が、夜、紙に印刷された本ではなく、タブレット端末で読書をすると、「メラトニン」というホルモンの分泌量が減るというハーバード大学の研究[※1]を紹介している。
メラトニンは夜に多く分泌され、リラックスや眠気をうながすが、このホルモンが減少すると、不眠症、性欲減退、うつ病につながることがあるという。
まだ研究段階のようだが、メラトニン投与は不妊治療にも効果がある[※2]とされているので、パソコンやスマートフォンのブルーライトによるメラトニンの減少が、女性の生殖能力に影響を与えている可能性は、かなり高いと考えていいだろう。

※1 Evening use of light-emitting eReaders negatively affects sleep, circadian timing, and next-morning alertness. AM chang et al. PNAS.
※2「生殖機能調節における活性酸素の役割」『日産婦誌』60巻9号 日本産婦人科学会

ている光には、太陽光に近い〝ブルーライト〟というものが含まれています。そのため、夜、太陽が沈んだあとにパソコンやスマートフォンを見ていると、ホルモンのバランスが乱れる可能性があります。女性の健康にとって、ホルモンのバランスは非常に大切。だから、夜はできるだけパソコンやスマートフォンを見ないようにしてほしいのです。

目を使いすぎると、骨盤内の血流も悪くなります。血流が悪くなれば冷えて、乾いたり、硬くなったりします。結果的に骨盤底筋もおとろえてしまうのです。

夜更かし

私が、自然分娩を希望する妊婦さんにまず言うことは〝早寝早起きをしてください〟ということです。妊婦さんが〝産める体〟にならなければ、自然分娩はできないからです。昔は、ほとんどの女性が〝産める体〟でした。だから、そんなことを言う必要はなかったのです。でも、最近の女性は、自然分娩を希望する人でも〝産める体〟になっていないので、まずは体作りから始めるのですが、その最初の一歩が、早寝早起きです。

もっとも、最近の若い人には、これが、一番むずかしいようですね。〝早寝早起きをしてください〟と言うと、それだけで泣きそうになる方がいます。ですが、夜12時を過ぎてからの睡眠は、眠りが浅くなりがちです。夢を見たりするので疲れも取れず、体が冷える原因になります。夜9時から10時のあいだに眠りにつくと、短時間の睡眠でも深く眠れるので、疲れも取れます。

生命エネルギーである〝気《き》〟は、夜10時から2時のあいだに充電されるので、妊婦じゃなくても夜更かしが続くと気がおとろえ、体がたるんできます。そうなると、膣の筋肉もたるみます。膣のしまりが悪くなるということですね。

朝は、遅くても6時前に起きるようにすると、それだけで便秘が解消されることがあります。遅くなってから起きると、腸の働きが鈍くなるからです。体もだるくなります。早寝早起きをするだけで、体調がぜんぜん違ってくるんです。自然のリズムに合わせて生活することは、本当に大切なことなんですよ。

ストレスや緊張

東洋医学には、近代西洋医学にはない〝瘀血《おけつ》〟という独特な概念があります。

血液の流れが悪くなったり、とどこおったりして、いろいろなところに問題が起きることを指すのですが、女性はとくに、骨盤内の血流がとどこおりやすいと言われています。

瘀血によって起きるとされる症状は、脳血管障害、頭痛、めまい、肩こり、のぼせ、不眠、ヒステリー、結膜炎、眼底出血、歯槽膿漏、鼻血、乳腺腫、甲状腺腫、腰痛、便秘、月経不順、月経困難、子宮内膜炎、膀胱炎、尿道炎、痔、肛門周囲炎など、あげるとキリがないのですが、東洋医学でも、頭部と女性器は密接な関係にあるとされているのです。

女性の悩みの種である肌のくすみやシミ、やる気が起きない、気が塞《ふさ》ぐなどの精神的な不調も、やはり瘀血によって起こりやすくなるとされています。

ちょっと品のない言い方ですが、男性は、恐怖を感じたり緊張したりすると〝金玉が縮む〟と言います。これは、睾丸《こうがん》（精巣）を包んでいる陰囊《いんのう》のなかの精巣挙筋という筋肉が収縮することによって起こるのですが、実は、女性にも同じことが起こります。

女性の場合は、緊張したり恐怖を感じたりすると、股間の筋肉が収縮し、血流が悪くなって下腹部が冷たくなるのです。一度、そういう状態になると、短時間ではもとにもどりません。

子どものころ、怖い思いをしたあとなどに、股のあいだに手を入れて、気持ちを落ち着かせようとしたことはありませんか？ 子どもはそうやって、無意識のうちに、股間をあたためたり、ゆるめたりして、心の緊張を解こうとするのです。

仕事で緊張を強いられている人、仕事や人間関係で攻撃的エネルギーを多く出したり、逆に、受けたりしている人、サバイバルゲームのような人生を送っている人などは、股間の筋肉が収縮しがちなので冷えがあります。膣や会陰が、人一倍、乾燥したり硬くなったりしている可能性があるのです。

緊張状態が一時的なものであれば、身も心もくつろげる、落ち着いたあたたかい場所で、安心できる人と一緒にいれば、膣はとたんにあたたまります。女性の生殖器は脳と密接に結びついているので、脳がくつろげば、連動して膣や会陰もほぐれるのです。逆に言えば、膣や会陰がやわらかくなれば、脳もくつろぐということです。

けれども、女性器が冷えて、乾いたり硬くなったりしている人には、リラックスすることが苦手という人が多いのです。

通常、活動している昼間は交感神経が優位になり、リラックスしている夜は副交感神経が優位になるのですが、ストレスや緊張がある人は、交感神経が優位な状態が続いてしまい、なかなかリラックスすることができません。交感神経が優位だと手足が冷えるので、ストレスや緊張がある人は、冷え症になりやすいのです。

◎緊張や不安をやわらげる２つのリラクゼーション

☆オイル耳栓

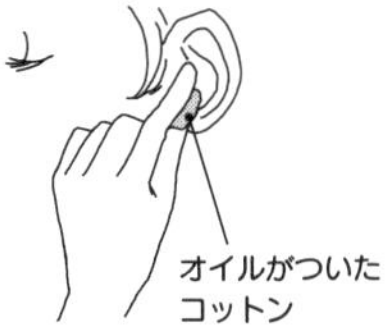

緊張や恐怖などで心が落ち着かないときは、小さく丸めたコットンにオイルを染みこませ、耳に詰めておく。攻撃的なエネルギーから身を守ることもできる。長時間、入れっぱなしにはせず、気になるようなら、オイルはティッシュでやさしく拭き取る。

☆太ももをしばる

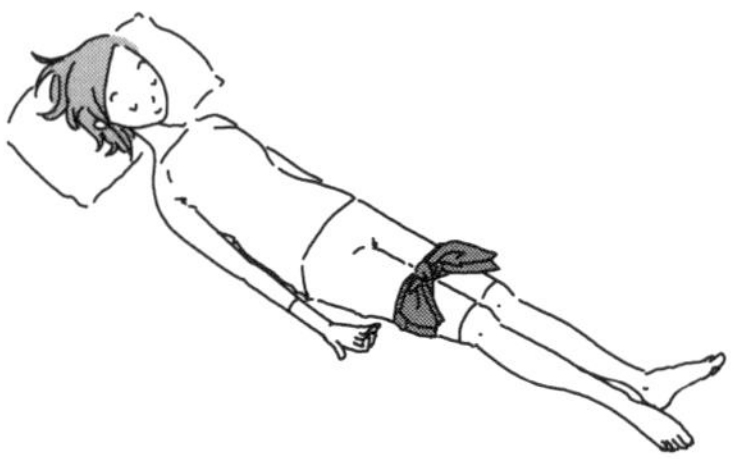

薄めのタオル２本の、端と端を結んで１本にする。横になり、長くしたタオルで、痛くない程度に両足の太ももをしばる。しばらく深呼吸をしていると、心が落ち着く。

緊張をやわらげる簡単な方法があるので、前頁のコラムで紹介しておきました。

冷え症

これまであげた、目の使いすぎや夜更かし、ストレスや緊張、それから、あとでふれる砂糖の摂りすぎなどは、すべて冷え症の原因になります。

東洋医学では、ほかにも、月経期・分娩直後・更年期などに起こりやすいホルモンバランスの乱れ、かたよった食事、不規則な生活、脂質の過剰摂取、寝不足、運動不足、ダイエットなどによっても冷えが起こるとされています。

衣服での締め付けによる血行不良、デコルテが大きく開いた服、冷房にあたりすぎるなども、体が冷える原因になります。

上半身は熱いのに下半身が冷えている〝冷えのぼせ〟の人のなかには、自分が冷え症であることに気づいていない人もいますが、足をさわると冷たくなっています。

冷え症は、通常、手足が冷える状態を言いますが、これは血行が悪くなっているということです。女性はとくに骨盤内の血液循環が悪くなりやすいので、当然、女性器も冷えてしまいます。

ですから、女性はとくに、冷え症を改善しなければいけません。

「冷えは万病の元」というのは、本当なのです。

アーユルヴェーダでは、オイルケアは弱った身体機能を改善しながら冷えを解消する効果があるとされているので、私は、体が冷えて、乾いたり硬くなったりしている妊婦さんには、必ず〝オイルケア入浴〟を行ってもらいます。

オイルケア入浴というの

◎冷え症は白湯でも改善される

近代西洋医学には、冷え症という概念はない。これは一般的に、欧米人の平均体温が約37.0度と比較的高いとされているからかもしれない。
けれども日本人女性を対象としたある調査では、70％以上が自分は冷え症だと答えていて、冷え症であると感じ始めて５年以上が経つと答えた女性も60％以上にのぼっている[※1]。
アーユルヴェーダでは、冷え症の人は日本茶やコーヒー、紅茶などを摂らないほうがよいとされ、オイルマッサージ以外では、白湯《さゆ》が冷え症を改善するものとしてすすめられている[※2]。
蓋をせずに10分ほど沸騰させて作った白湯（65度以上）を200ccほど、夜、ベッドに入る直前に、すするようにして飲むと、体があたたまって寝つきがよくなり、冷え症だけでなく、頭痛、生理痛、食欲減退なども改善されるという。更年期でホットフラッシュ（のぼせ）がある人は、白湯を常温に冷ましてから飲むとよいそうだ。

※１「女性に多い『冷え』、あなたは悩んでいませんか？」日本ナットウキナーゼ協会
※２『白湯の処方箋』ＮＰＯ法人 日本アーユルヴェーダ研究所

は、アーユルヴェーダではおなじみのオイルケアを、日本人が生活に取り入れやすいようにしたものですが、冷えた体を深部まで温め、体をうるおし、やわらかくする効果があります。やり方などはあとで説明しますが、本当に素晴らしい効果なので、ぜひ試してみてください。

体に負担をかける食事

アーユルヴェーダは、食事を非常に大切に考えます。私たちの体はすべて、私たちが食べたものから作られているからです。だからこそアーユルヴェーダでは、体質、体調、季節や時間に応じて、摂ったほうがよいもの、控えたほうがよいものを、細かく説明しているのです。

基本は、あたたかいもの、美味しいもの、季節のもの、刺激が少ないもの、消化されやすいように調理されたもの、そして、排泄にとどこおりが起こらないものを食べる、ということですが、そのようなものを適量、1日に2~3回、規則正しく食べることが大切です。食事時間が不規則になると、消化力が弱ってしまうからです。

食べたものがきちんと消化され、余分なものがきちんと排泄されることによって体調が整い、病気の発生も抑えられると、アーユルヴェーダでは考えられているのです。

体が冷えて乾いている人は、冷たいもの、乾燥しているものは控えたほうがいいでしょう。生野菜やフルーツ、パン、カキ氷、ポップコーン、お煎餅《せんべい》などです。

砂糖の摂りすぎ

膣や会陰、さらには骨盤内の臓器までもが、冷たくなったり硬くなったり、たるんだりする原因として、もうひとつ、忘れてならないのは砂糖の摂りすぎです。

砂糖をたくさん使ったケーキや、甘い飲み物……。ストレスがたまると、そういうものが欲しくなりますよね？　けれども、砂糖や甘味料がたっぷり入った食品を摂りすぎると、胃腸の消化機能が低下して血糖コントロールが不安定になります。その結果、自律神経系も不調になり、血行が悪くなって体が冷え、乾燥したり硬くなったりします。体質によっては、老廃物がたまりやすくなってむくんできます。

深夜に目を酷使したり、ストレスをためたりしているときに砂糖を摂りすぎると、女性の下半身、とくに腰まわりは、冷えて硬くなったり、むくんだり、たるんだりするのです。

どうしても甘いものが欲しいときは、はちみつを、下のコラムにあるようにして摂ってください。はちみつは栄養価が高く空腹感を抑えるだけでなく、老廃物を削り取る力があるとされ、アーユルヴェーダでは〝やせ薬〟とまで言われています。

セックスレス

もうひとつ、膣や会陰が硬くなる原因があります。セックスレスです。

日本では、パートナーがいても、セックス

◎はちみつの摂り方

非加熱・無精製のはちみつを、40度未満のぬるま湯か、水に溶かして飲む。はちみつは、40度以上に熱すると毒になるとされているため。

太りすぎの人は、はちみつ以外の糖分摂取を減らしたうえで、1日に大さじ3〜4杯、毎日、続けて摂ると効果がでる。

体が冷えて乾いている人は、はちみつを摂りすぎるとさらに体が乾くので、黒砂糖のほうがよい。

糖尿病の人は、はちみつも黒砂糖も、医師と相談してから摂ること。

レスはあたりまえ。２００５年の調査によると、日本は1年間の性交回数が世界41カ国のなかで最下位。性に対する満足度も、中国に次いで下から２番目。２０１１年の調査でも、セックスを週1回以上、行っている日本人は27％で、やはり37カ国中、最下位[※4]となっています。そもそも、セックスに対する関心が薄れているようです。

つまり、日本人女性の膣は、ほとんど使われていないのです。そうなれば当然、膣の弾力は早くから失われます。そのままにしておくと、乾燥しやすい体質の人は、膣が萎縮してきますし、乾燥しにくい体質の人は、たるんできます。

女性としての健康を保ちたければ、早寝早起きして、頭や目を使いすぎないようにして、できるだけ穏やかに日々を過ごし、疲労やストレスをためないことです。好きな人と、気持ちのいいセックスをすることも大事です。お顔のお手入れのように、膣のケアも日々の積み重ねが大切なのです。

なんらかの理由で挿入がむずかしい人は、パートナーとふれあったり、体をなでであったりすれば、それだけで気持ちがゆるむので、膣や会陰もやわらかくなってきます。

※４「あなたは大丈夫？『セックスレス大国』日本」東洋経済オンライン

セックスをするパートナーがいないから関係ないという人も、膣ケアをこまめに行い、膣内部を呼吸に合わせて自由に動かせるようにしておいてください。

呼吸が浅い

いま、呼吸が浅い人がとても多くなっています。ストレスや緊張、不安などがあると呼吸が浅くなるのですが、

◎アーユルヴェーダがすすめる呼吸法

1 右手の薬指で左側の小鼻をおさえ、右側の鼻の穴から空気を深く吸う。
2 右手の親指で右側の小鼻をおさえ、左側の鼻をおさえている薬指を離し、左側の鼻の穴から空気を出す。
3 そのまま左側の鼻の穴から空気を吸い込み、今度は、右手の薬指で左側の小鼻をおさえて親指を離し、右側の鼻の穴から空気を出す。
4 1日に1～2回、交互に10回ぐらい行う。寝る前に行うと寝つきが良くなる。

アーユルヴェーダでは、右の鼻は太陽のエネルギー、左の鼻は月のエネルギーと関連するとされ、右の鼻からの呼吸は肥満の解消になるという。

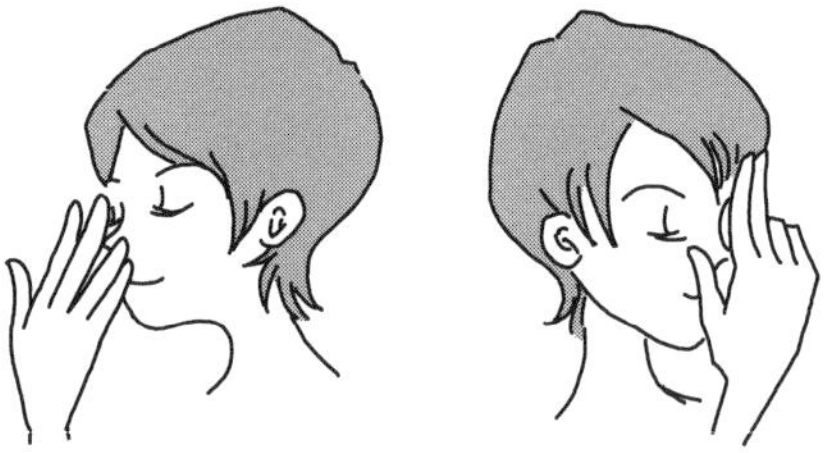

『ビューティー・アーユルヴェーダ LESSON』クリシュナ U．K．著　主婦の友社より

呼吸が浅くなると、ストレスや緊張、不安はさらに増大します。頭痛、肩こり、肌荒れにもつながり、自律神経失調症や、うつ病にもなりやすくなると言われています。

緊張したり、不安があったりするときは、いつにもまして、深く呼吸することが大切です。呼吸法にはいろいろありますが、アーユルヴェーダですすめられている呼吸法を紹介しますので、ぜひ習慣にしてください。

ここを見れば、膣や会陰が冷えているかどうかがわかる

実は、膣や会陰が冷えて、乾いたり硬くなったりしている人には、体にも共通点があります。頭皮の状態、足の裏の状態、お尻の形です。

そんなところを見て、なにがわかるの？　と思う方もいるでしょうが、これは私が長いあいだ、たくさんの女性を見てきた経験から言える、類型的な特徴です。

以下でそれについて説明しましょう。

●頭皮の状態

抜け毛や髪のパサつきが悩みの種、という女性は少なくないと思います。

頭を使いすぎて神経が緊張している人、気分転換がうまくできない人、不安を抱えている人、働きすぎて疲れがたまっている人は、頭皮が硬かったり、部分的に熱がこもっていたり、むくんでブヨブヨになっていたりします。

私の経験では、頭皮がそのような状態になっている人は、たいてい、下腹部や仙骨《せんこつ》（背面の腰のあたりにある逆三角形の骨。161ページ参照）の周囲が冷たくなっています。高血圧や痔になる人もいます。頭皮は、女性器や肛門の状態を表しているとも言えるのです。

東洋医学でも、頭頂部にある百会《ひゃくえ》というツボは、脱肛や子宮下垂に効果がある特効穴《とっこうけつ》とされています。子宮下垂というのは、子宮が下がってきている状態です。そのままにしておくと、子宮が膣から出

てきてしまう骨盤臓器脱につながります。

頭は熱いのに足が冷たいという人は、〝冷えのぼせ〟が考えられます。これは、東洋医学で言う、気《き》（生命エネルギー）・血《けつ》（血液）・水《すい》（体液）の、気が頭にのぼっている状態です。リラックスがうまくできず、自律神経がアンバランスになっている可能性があります。交感神経が優位になりすぎている状態だということです。抜け毛や白髪にもつながりますから、自分の頭皮がどういう状態になっているか、こまめにさわってチェックしてください。

●足の裏の状態

足の裏が冷えていたり、硬かったり、ガサガサになったりしている人は、気・血・水の流れが悪くなっていると考えられます。

質の良い睡眠が取れていない人、緊張している人、完璧主義の人、呼吸が浅くて疲れやすい人、不適切な食事をしている人、便秘や下痢になりやすい人、ため息が多い人などは、足の裏の状態が悪いことが多いのです。動きすぎの人や不眠症の人は、かかとが乾燥していたり、ガサガサになっていたり、ひび割れていたりします。

内くるぶしの骨のすぐ下にある、照海《しょうかい》というツボは、子宮と深いつながりがあります。この部分がむくんでいる人は、骨盤内の血流が悪くなっている可能性があります。

足の小指の爪の外側の至陰《しいん》、スネの内側にある三陰交《さんいんこう》というツボも、女性器と深い関わりがあるので、意識してオイルマッサージを行ったり、市販されている簡易なお灸を使って温めたりしてください。

〝冷えのぼせ〟の人は、足をマッサージすると気が下がるので、精神的にも落ち着いてきます。

足の裏にはいろいろなツボがあって、人の体の健康状態をすべて反映していると言ってもいいほどです。当然、アーユルヴェーダでも、足のオイルマッサージは重要視されています。足のオイルマッサージのやり方は163ページで紹介します。

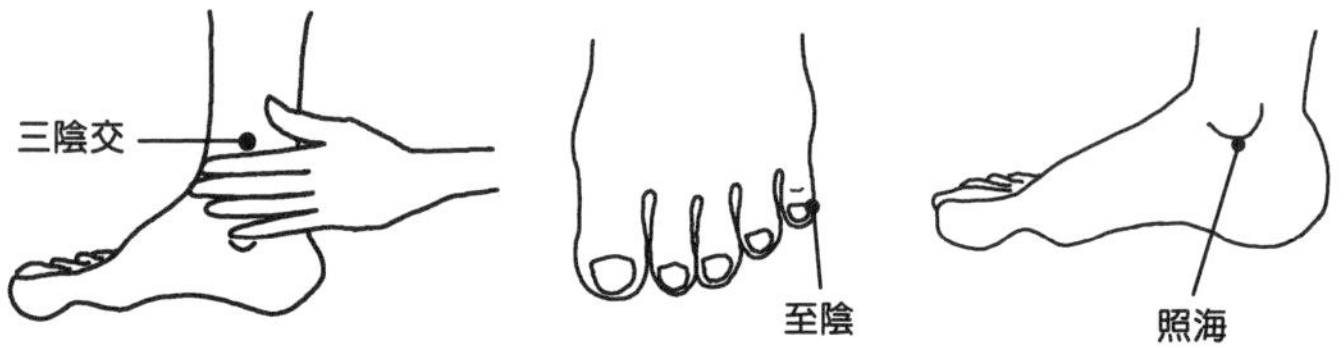

●お尻の形

　膣や会陰が冷えて硬くなると、骨盤底筋がおとろえ、お尻の形に影響が出てきます。お尻の肉が垂れてきて臀部《でんぶ》の膨《ふく》らみが失われ、へこんでくるのです。私はそういうお尻を〝エクボ尻〟と呼んでいるのですが、〝ピーマン尻〟とか〝なだれ尻〟などとも呼ばれているようです。

　失礼ではありますが、男性が女性のお尻を見て女性器の良し悪しを判断するのも、あながち間違いではないのです。

　最近、助産師のなかには、女性の骨盤の形が、男性の骨盤の形に近くなってきていると指摘している人がいますが、私も、ここ数年で女性のお尻の形が変わってきていると感じています。

　ふっくらとした丸いお尻、いわゆる〝ハート尻〟が少なくなってきて、かわりにエクボ尻が増えているのです。こ

エクボ尻

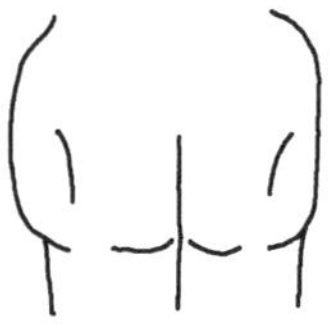

大臀筋に力がなく、
冷えている

ハート尻

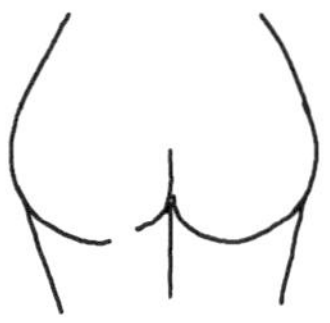

大臀筋に張りがあり、
あたたかい

れは、骨盤底筋がおとろえている人が増えているということでもあるでしょう。

お尻の形は、一日の中でも、少しずつ変化しています。エクボ尻の人は、自分のお尻のへこみが、どういうときに深くなり、どういうときに浅くなるか、よく観察してください。頭が完全にリラックスしているときは、お尻のへこみもなくなって、ふっくらハート尻になっています。

逆に、体調が悪いとき、体が冷えたり乾燥したりしているとき、それから、緊張したり、怒ったりしているときは、へこみが深くなります。朝はやわらかかったお尻が、夕方になったら硬くなっていた、なんてこともあります。へこんでいるときと、ふっくらしているときでは、言動にも違いが出てきます。

お尻には、体調や、骨盤内の状態だけでなく、脳の疲労度や心の有り様までもがあらわれるのです。ときどきさわって、自分のお尻の形を確かめてください。

若いときは、ふっくらぷりぷりしていたお尻も、年を重ねるごとに垂れてきたり、小さくなったりしますが、いくつになっても、お尻はふっくらしているほうがいいのです。セルフケアをしていると、エクボ尻も改善されてきます。

ハート尻のときと、エクボ尻のときの違いを表にしました。これを参考にして、

	ハート尻のときの特徴	エクボ尻のときの特徴
頭	リラックスしている。思考が柔軟な状態。	思考が散漫になり、集中できない。頭が重いこともある。
気分	ゆったりしている。忍耐強い。	落ち着かない。イライラする。空疎な感じ。
行動	優雅な動き。落ち着きがある。	敏感に反応しやすい。じっとしていられず、体の一部をちょくちょく動かしている。
末梢循環	冷たくても、温めると血色がよくなる。	足が冷たくなりやすく、温まりにくい。踵がカサカサしやすい。
皮膚	しっとり、うるおっている。	乾燥気味。硬い・冷たい・くすんでいる。肥満腺ができやすい。
髪	つやがあり、まとまりやすい。	乾燥しやすい。抜けやすい。
関節	エクボ尻のときほど硬くはない。	硬くなる。痛む。ボキボキ鳴る。
排泄	快便か、快便に近い状態。	残便感がある。便秘しやすい。
睡眠	朝起きたとき体が緊張していない。早寝早起き。夜10時前に寝ている。	寝つきが悪い。眠りが浅い。寝ても緊張がとれない。就眠が夜12時近い。
膣	うるおっていて、温かい。	乾燥傾向で、冷たい。
食事	消化の良いもの、体が喜ぶものを、心の余裕をもってゆっくり食べている。	体が冷えるもの、冷めたいものを食べている。猫舌。早食い。パン等の乾物を好む。

自分の傾向を知り、生活を改善してください。

原田の告白――

●がんばりすぎる女性たち

私は、支配的な親との生活に耐えきれず、15歳で家出。それから25歳で結婚するまで、酒場で働きながら暮らしていました。お酒や煙草はあたりまえ。自分の将来に不安を抱きながら、昼夜逆転の超ストレスフル生活を送っていたわけです。結婚して子どもを産んだ4年後に離婚。その後は、子どもを育てながら、毎日毎晩、液晶画面を見続ける仕事につき、再婚したり、仕事を変えたりしましたが、長時間、液晶画面とにらめっこする生活はいまも続いています。

私ほど若いころから不健康な生活を送っている人は、それほど多くないと思いますが、最近の女性は、私が受けたストレスとは別のストレスを日常的に受けているようです。そのことに話が及んだのは、たつのさんと、お尻の話をしていたときでした。

実は、私のお尻は完全なエクボ尻。しかも最近、そのエクボが深くなってきたことを、気にしていたのです。そこで、たつのさんに聞いてみました。

「初めて会ったとき、たつのさんは、私の膣がカチカチになっているかもしれない、とおっしゃいましたけど、あれは、私のお尻を見て、そこから判断したのですか？」

「それもありますけど、原田さんは、それだけじゃなく、ほかにも、膣がカチカチになりやすい人の特徴がいろいろありますよね」

たつのさんは、ちょっと言いにくそうでした。でも私は、たつのさんになにを言われても、もう傷つくことも、ムッとすることもなくなっていました。たつのさんの指摘は、私にとって、自分の体や心を見直す大きなきっかけになることばかりだったからです。

「えー、どんな特徴ですか？　教えてください」

「忙しい仕事をしているから、長時間、緊張していますよね？　それから、じっとして座っていることが苦手ですよね？」

「えっ、そうですか？」

「畳の上に座っているとき、同じ姿勢を長く維持していられないでしょ。足をもじもじさせたり、こまめに体重移動したりしますよね？」

「そんなことしていますか？　自分ではぜんぜん気づいていませんでした。たつのさん、さすがによく見ていますねえ。……落ち着きがないということかしら？」

「たぶん、じっとしているのが苦手なんでしょう。そういう人は、せっかちだったり、イライラしがちだったり……。どっしりしているとか、ゆったりしているとか、そういう感じが薄いんですよ」

「確かに……」

「仕事場では、手際がいいとか、反応が早いとか、機敏に動くとか、そういうことが重要視されますけど、女性は、ほんとうは、のんびり、ゆったりしているほうがいいんです。そういう女性のほうが、膣の状態もいいし、安産だし、夫婦仲もいいんですよ」

「夫婦仲にまで関係しますか？」

「ええ、それがすべてとは言いませんけど、そういう傾向はまちがいなくあると思います。それから、やせている人より、小太りでおっとりしている人のほうが、一般的に、膣の具合はいいですよ。やせている人は乾きやすいし、お尻もへこみやすいです」

「……そういうこと、女性はみんな知っているのかしら？」

「知らないんじゃないですか。女性はみんな、とにかく、やせたがりますものね」

「私も、若いころは、スタイルがよいことだけが自慢でした……」

「とにかく、最近の女性はがんばりすぎなんです。男性と同じように働いて、子どもを産んで母乳で育てたいと言う。気持ちはわかります。だけど、がんばりすぎているせいで、日本の女性は、みなさん、ものすごく疲れていて、頭も体もガチガチになっています。

体が疲れて硬くなっていたら、呼吸も浅くなって、仕事にも影響がでます。妊娠しても、自然分娩なんてできないし、お乳だってなかなか出ません。

女性は肩の力を抜いて、心も体も、もっと楽になれるように、生活自体を整えることが大切です。そうすれば、本来、備わっている女性性のパワーがもっと出てくるはずなんです。子どもを産み育てる性である女性には、本来、ものすごいパワーやエネルギーが備わっているんです。私は、そのパワーを、もっともっと大切にしてもらいたいんですよ！」

たつのさんの口調はだんだん強くなり、最後は、まるで怒っているようでした。たつのさんは、がんばってしまう女性たちのことを怒っているわけではありません。女性をそういう状況に追いこんでしまうもの、すべてに対して怒っているのです。

それでも私は、がんばってしまう女性たちの気持ちが、とてもよくわかります。なぜなら、私自身がそうだったからです。子どもを産んで、母乳で育てて、安全・安心な手作りの物を食べさせて、だけど、一日も早く仕事がしたいと、そればかり考えていました。

子どもを保育園に預けて仕事についてからは、とにかく時間に追われる毎日。まさに、くたくた、ぼろぼろでした。それなのに、やってもやっても自分に満足することができず、もっとがんばらなければ、もっとちゃんとしなければと思い、いつも自分を責めていました。

いまから考えてみれば、私は子どもを育てることより、「自分がなりたいと思っている自分になること」に一生懸命だったような気がします。いいえ、この年になってもまだ私は、理想の自分を追い求め、あがいているような気がします。

けれども、そのせいで、頭も体もガチガチになっているのだとしたら……、そのせいでお尻がへこんでしまったのだとしたら……、やっぱり私は、どこかで肩の力を抜かなければならない、と思うのです。とはいえ、自分では肩に力が入っているという自覚さえ、ほとんどない私。さて、どうしたら、肩の力を抜くことができるのでしょう。

女性たちに、「自分のからだと向き合って生きよう」と訴え続けている津田塾大学教授の三砂ちづるさんの著書『オニババ化する女たち』（光文社新書）を読んだら、女性は、「自分のからだをいい状態にする、ということだけを考えていればいい」と書いてありました。体の声に耳を傾け、体が望む生活をしていると、体がゆるむ。そうしないと、女性はオニババになってしまうというのです。

すでにほとんどオニババになっている私ですが、もっと自分の体のことを知り、体が喜ぶ生活をしたら、ひょっとしたら、まわりを包みこむような、優しいおばあさんになれるかもしれません。

●セックスレスは一人では克服できません！

たつのさんの話を聞いてから、私はできるだけ早寝早起きをして、たつのさんに教わったオイルケア入浴も、手抜きをしながらですが、できるだけ行うようにしました。それだけで、かなり体調がよくなってきたので、気をよくして、食生活にも気をつけることにしました。

生野菜など、冷たいものの摂取を減らしたのです。そのぶん、ショウガやニンニク、クミンやターメリックなど薬効のあるスパイス、消化によいもの、脂質の少ない良質なタンパク質を、以前より意識して摂るようにしました。

タンパク質を増やしたのは、西洋人にくらべて、東洋人はタンパク質の摂取量が少ないことが冷えの原因という説[※5]があるからです。タンパク質を消化・分解するときに胃や肝臓が出す熱（エネルギー）によって、体が温まるのだそうです。ただし、タンパク質と同時に脂肪分が増えないよう、気をつける必要があります。

私は、やわらかく戻した高野豆腐を絞って小麦粉をまぶし、オリーブオイルで焼いたものが好きで、連日のように食べていたら体重が増えました。高野豆腐や

※5「発見！冷えに打ち勝つ食事法」「ためしてガッテン」2008年1月30日NHK

小麦粉は、かなりオイルを吸うのです。みなさんも、どうぞ気をつけてください。ただし、油分を減らしすぎると、今度は体が乾いたり弱ったりするそうです。たつのさんに言わせると、「やせすぎはダメですが、太りすぎもダメ！」とのこと。難しいですね。

食べたものがちゃんと消化され、余計なものがきちんと排泄されるようにするため、アーユルヴェーダでは、食事の前に、岩塩とレモン汁をかけた薄切りのショウガを１〜２枚食べたり、寝る前に、サフランとシナモンを入れたホットミルクを摂ったりすることなどをすすめています。サフランは高価ですが、鉢植えにしておけば、美しい花が咲き、スパイスになる赤いメシベを簡単に収穫することができます。

油分の摂り方、消化力をあげる食事の仕方などは、『アーユルヴェーダ食事法理論とレシピ』に詳しく紹介されていますので、ぜひ参考になさってください。

さて、私の冷えや不調は、早寝早起き、オイルケア入浴、それから食生活の見直しなどで、かなり改善されてきたように思えました。それでも、膣の冷えや乾きが解消されたかどうかは不明なまま。便秘も、ほとんど改善されていませんでした。お尻のへこみもそのままです。

たつのさんから「好きな人と、少なくとも月に1〜2回は、気持ちのいいセックスをしてください」と言われたのですが、そんなこと、私には到底、不可能です。セックスは、相手がいなければできないのです。呼吸に合わせて膣内部を自由に動かすなんて想像すらできないし、膣を刺激してのマスターベーションだって、私にはハードルが高すぎます。

となれば、あとは、たつのさんがすすめる、膣ケアをするしかありません。

そう思いながらも、私はなかなか決心することができませんでした。このころはまだ、たつのさんから聞いた骨盤臓器脱のことなど、まったく人ごとだと思っていましたし、それが、非常にありふれた、まったく珍しくない疾患だということも、ほとんどわかっていなかったのです。そのせいで私は、のちに驚愕することになるのですが、それはもっとあとになってからのこと。もう少し先でお話しすることにします。

第3章

劣化によって起こる諸問題

女性器がおとろえるとどうなるの？

「助産師は、会陰切開など、近代西洋医学で言う医療行為は行いません。その代わり、それ以外の、女性の体によいとされるものはすべて取り入れて、女性の体を整えていくのです」というたつのさんの知識は、近代西洋医学、東洋医学（鍼灸）、アーユルヴェーダだけでなく、気功にヨガにタオ（215ページ参照）、アロマにオイル、ストーンセラピーからカラーセラピーまで、とにかく多種多様。

私はいつも、たつのさんの話についていくだけでやっとでした。それでも、たつのさんの話を聞くたびに、目からは鱗《うろこ》が、心からはこわばりが、どんどん落ちていったのです。

興味津々で耳を傾ける私の前で、今日もたつのさんのお話しが始まります。

健康な女性器と、おとろえた女性器はこんなに違う

さて今日は、健康な女性器と、おとろえた女性器の違いについてお話ししますが、そのまえに、そもそも女性器とはなにかを、少し説明しておきましょう。

女性器は、女性の生殖に関わる体の部位で、内性器と外性器に分けられます。

外性器とは、外から見えるもので、大陰唇、小陰唇、膣前庭（小陰唇の内側）、陰核（クリトリス）、尿道口、膣口（膣に通じる穴）、会陰（膣口と肛門の間）です。

内性器とは、外からは見えないもので、卵巣、卵管、子宮、膣ですね。

内性器である卵巣は、脳にある下垂体が出すホルモンに刺激されて卵を作り、女性ホルモンを分泌します。卵巣で作られた卵は、卵管のなかで精子と出会えば、受精して子宮に運ばれます。

子宮は、筋肉でできた袋状の臓器。普段はニワトリの卵ぐらいの大きさで、内側は、子宮内膜という膜に覆われています。受精した卵は子宮に運ばれ、赤ちゃんのお布団のような役目を果たす子宮内膜によって受け止められます。受精が行われないと子宮内膜は剥がれ、膣を通って体外に排出されます。これが月経です。

内性器

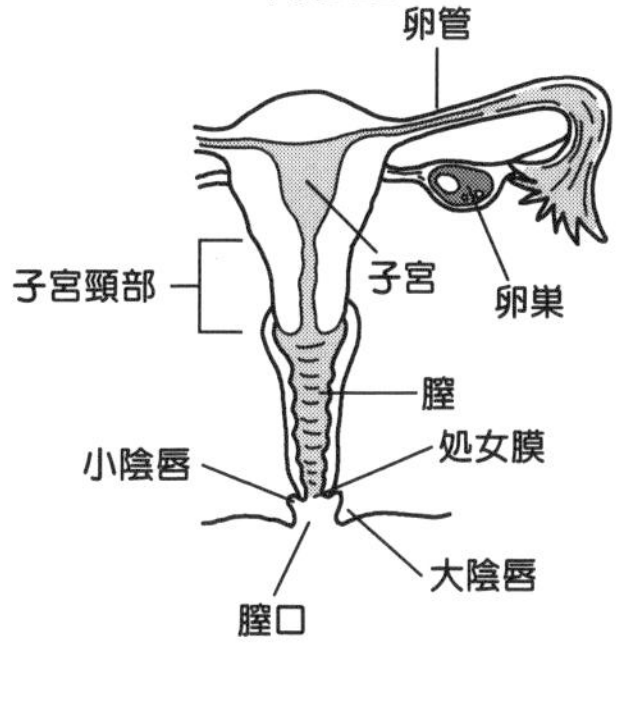

外性器

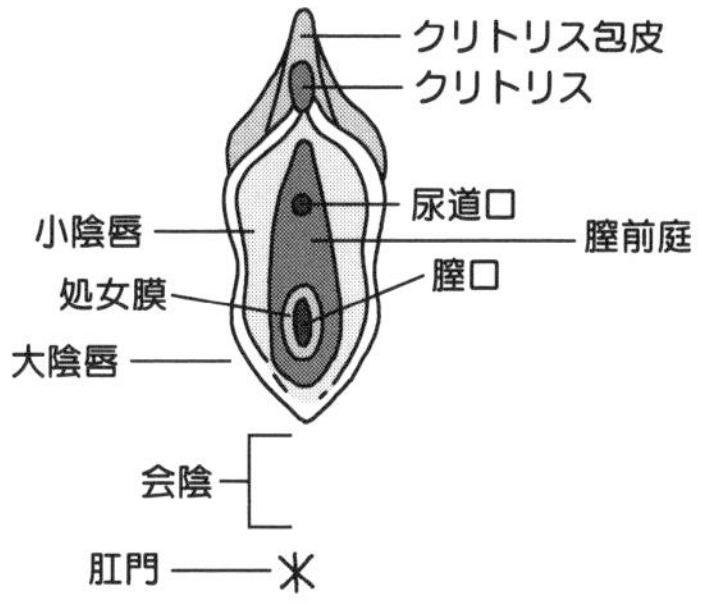

膣は、子宮と膣口をつなぐ、筋肉でできた管のような器官。普段は長さ7～8センチ、直径2～3センチほどですが、出産時は大きく広がって産道となります。筋肉でできている膣の内側には粘膜があります。大人になるにつれて、粘膜から粘液が分泌されるようになり、膣はつねに湿った状態になります。

健康な膣は、あたたかでうるおいがあり、やわらかでふわふわ、肉厚でぽってりしています。会陰もやわらかく、伸縮性に富んだ状態が保たれていますから、出産のときに広がって、直径10センチもある胎児の頭が通れるわけです。

俗に〝しまりが良い〟と言われるのは、膣口や会陰が伸縮性に富んでいるという意味です。膣や会陰は、もともと、すごく柔軟で、伸縮性があるものなんです。

膣のなかに指を入れると、若さを保っている健康な膣は、湿っているだけでなく、やわらかなデコボコやザラザラのあることがわかります。伸縮性に富んだ膣は、蛇腹《じゃばら》のようになっているため、デコボコになるのです。

男性が女性器をほめるとき〝数《かず》の子天井《こてんじょう》〟とか〝ミミズ千匹《せんびき》〟などと言いますが、これは、膣のなかにデコボコやザラザラがたくさんあることを指します。

膣のなかのデコボコやザラザラは、程度の差こそあれ、若いうちなら誰にでもあります。これは、膣の粘膜が水分をたっぷり含んでいること、よく伸び縮みする柔軟な膣であることの証です。

性的に興奮すると、膣のなかのデコボコやザラザラは、よりはっきりしてきます。膣からは潤滑油の働きをする、俗に〝愛液〟と呼ばれる体液が分泌され、同時に、クリトリスや膣、膣口や大陰唇、小陰唇などが充血して、大きくなったり厚みを増したりします。

セックスのときに出る愛液の量、女性器の充血の度合い、膣内のデコボコやザラザラの変化などは、個人差だけでなく、血流の良し悪し、体調や精神的なものにも大きく影響されます。だからこそ、セックスは心を許せる相手と、リラックスできる場所で、体を十分にあたためてから行うことが大切なのです。そのほうが、女性にとっても男性にとっても、より大きな満足が得られるということです。

ついでに説明しておくと、膣のお腹側にある少しふくらんだ部分が〝Ｇスポット〟と呼ばれるところです。Ｇスポットは、位置や大きさ、感度などに個人差があり、自分でさわっても位置を確認することができないという人が少なくありません。絶対的な性感帯というわけではないのです。

それでは次に、膣がおとろえると、どうなるかをお話ししましょう。

産まれたばかりの赤ちゃんは、びっくりするほどやわらかで、グニャグニャです。私たちはみんな、そういうやわらかな体をもって産まれてくるのです。

けれども、成長するに従って、私たちの体からは弾力や柔軟性、みずみずしさやハリが失われていきます。残念ながら私たちの体は、少しずつですが、確実に乾いたり硬くなったり、たるんだりしてく

▽お勉強コラム――Gスポットはここにある

産婦人科の北村邦夫医師によると、Gスポットは、解剖学用語で「スキーン腺」と呼ばれる部位。
右の図では横臥した状態を示したが、トイレに腰を下ろした状態で膣に指を２本入れ、膣をお腹側に持ちあげるように押しながら、もう一方の手で、恥骨のすぐ上の腹部を下に押すとわかりやすいそうだ。
北村医師も、Gスポットの感度には個人差があると述べている。

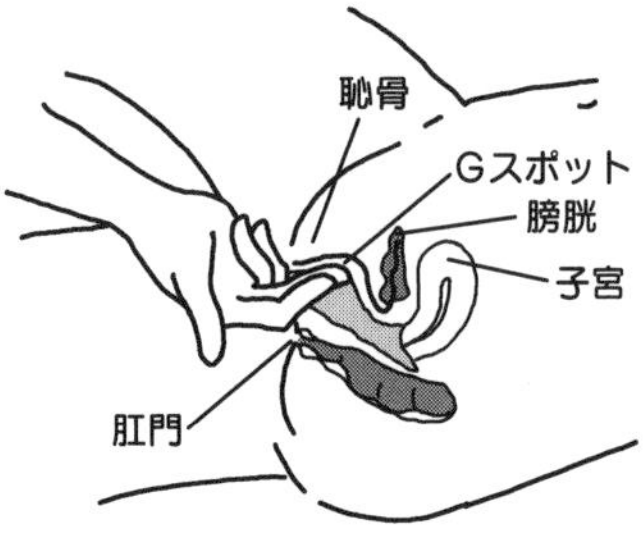

『専門医が伝える40代からの幸せセックス』北村邦夫著 中央公論新社より

るのです。

体が乾いたり硬くなったりすると、血流が悪くなります。血流が悪くなると、体が冷えます。冷えれば、体はさらに乾いたり硬くなったりします。

それに加えて、女性は40代に入ると更年期を迎えます。35歳ぐらいから減り始める女性ホルモンは、40歳を過ぎると大幅に減少します。その影響で、膣の粘膜が薄くなり、分泌される粘液も減ってきます。膣がどんどん乾いてくるのです。

これには体質による違いもあって、小太りの人は体に油分や水分が多いからでしょう、弾力が失われてたるんだりしますが、乾燥はそれほど進行しません。それにくらべて、やせている人は、ストレスが多いと、更年期になる前から膣が乾燥する傾向にあります。やせている人は冷えていることが多く、それもあって、体が早くから乾いて硬くなってしまうのです。

膣からうるおいが失われると、膣壁が薄くなるため、膣のなかのザラザラやデコボコはなくなってしまいます。膣壁はツルツルになり、膣そのものもだんだん萎縮してきて、やがては乾いてカサカサになります。同時に膣口や会陰も硬くなり、大陰唇や小陰唇はしぼんできます。

膣が乾いてくると愛液も分泌されにくくなるので、性交痛が起きます。指を入れただけで出血することもあります。うるおいがなくなるため、膣のなかにいるデーデルライン桿菌《かんきん》が減少、膣内の自浄作用が弱まり、雑菌にも感染しやすくなります。

このような変化は短時間で起こるわけではありませんが、年齢を重ねれば、ほとんどすべての女性に起こる変化です。

ところが、前にもお話ししたように、最近は、まだ更年期にもならない20代や30代の女性にも、膣が乾いたり硬くなったりしている人が増えているのです。若ければ大丈夫ということではないのです。

けれども、日本人女性は、若い人も年配の人も、自分の女性器の状態をほとんど意識していません。尿もれが起きても、深刻に考えることもありません。

セックスをするパートナーがいて性交痛が起これば、自分の女性器の異変に気づくかもしれませんが、性交痛が起きても、とくに若い人は、自分の膣のおとろえが原因などとは、考えもしないようです。

パートナーがいてもセックスレスだったり、そもそもパートナーがいなかったりすれば、自分の女性器に異変が起きていることに気づくこともありません。

多くの女性は、自分の女性器の変化や機能のおとろえに気づかないまま、なんのケアもせず、ほったらかしで月日を重ねてしまうのです。

そんなことで、ほんとうに大丈夫でしょうか？

大丈夫ではありません。

女性器がおとろえると、女性の体にはいろいろな問題が起きてくるのです。

年齢に関係なく、生理痛や生理不順がある人、冷え症だったり、性交痛があったり、おりものが減ってきたり、尿もれがあったりするなら、膣や会陰が冷えているかもしれない、弾力が失われているかもしれないと考え、すぐにケアを始める必要があります。

更年期になっているなら、なおさらケアが必要です。更年期になれば、ほとんどの女性の膣や会陰は、乾いたり硬くなったりするからです。

閉経したらケアなんて必要ない、と思うかもしれませんが、とんでもない。閉経後はとくに必要です。寿命が延びたため、私たち女性は、閉経後何十年も生きるのです。

何度も言いますが、膣や会陰が乾いたり硬くなったり、たるんだりしているということは、骨盤内の筋肉すべてが、同じような状態になっているということです。尿もれや便秘が起きているのは、そのあらわれでもあります。

どんなに見た目が若くても、骨盤底筋は年を重ねれば確実におとろえてきます。一刻も早く、自分の体の状態を確かめて、ケアを始めてください。

女性器が乾いたり硬くなったりすると、こんな問題が起きる

最近の若い女性は、女性器の機能より見た目を気にして、アンダーヘアを整えたり、脱毛したりしています。女性器を整形する人も珍しくありません。

脱毛によって、かゆみやにおいの原因となるムレが解消されたり、整形で小陰唇の擦《こす》れによる痛みが軽減したりすることもあるので、一概に否定するつもりはありません。でも、女性器は本当に個性的で、顔と同じぐらい人それぞれ違っていて、同じ形のものはひとつとしてないのです。

ですから、困った問題がないのなら、気にすべきことは見た目ではなく、機能

です。膣や会陰はきちんとうるおっているか、弾力を保っているか、月経を含め、排泄はスムーズでトラブルはないか。そういうことのほうが、見た目よりもずっと大切なのです。

以下で、膣や会陰が冷えて、乾いたり硬くなったり、たるんだりすると起きて

欧米ではあたりまえ？
スーパーのレジ横に膣の保湿剤がずらり
――イタリア

イタリアでは、妊娠している女性だけでなく、女性一般にも会陰マッサージや膣ケアがすすめられている。

そのためイタリアでは、町にある薬局やスーパーの目立つところに、ずらりと、会陰マッサージ用のオイルや膣の保湿剤、セックスのときに使う潤滑剤が並んでいる。

イタリアの産婦人科医 Dr. クラウディオ・パガノッティ博士は、執筆記事のなかで、会陰マッサージには「女性ホルモンの減少による会陰の基礎栄養欠乏を防ぐ効果がある」として、妊婦以外の女性にも会陰マッサージを推奨[※1]。

同じくイタリアの「ブレーシャ助産師会」も、会陰マッサージを「会陰部の毛細血管の血行を促し、リラックスさせ、細胞組織のコンディションを整える方法として有効。マッサージのやり方は、妊婦の会陰マッサージと同じで、外陰部から始め、膣内をぐるりと押していく」と紹介。同時に、骨盤底筋のリハビリの方法も紹介[※2]している。

いくつになっても、セックスをあきらめることなく楽しむというイタリア人。女性が膣ケアをするのは当然のことなのだろう。

※1 Il massaggio perineale. Claudio Paganotti.
※2 Il pavimento pelvico. Collegio Ostetriche di Brescia.

くる代表的な問題について説明していきましょう。

黒ずみ……膣口や会陰、小陰唇や大陰唇が、くすんだような色になるので、見た目の問題と思われがちですが、冷えなどで血流が悪くなっていることが大きな原因です。衣服による圧迫も血流を悪くします。お尻の割れ目が始まるあたりが黒ずんでいるなら、ホルモンのバランスが悪くなっている可能性があります。オイルケアで血流を促して冷えを取り、早寝早起きを心がけましょう。

におい……流れが悪くなると水さえも不快なにおいになりますが、膣も同じです。ジャンクフード、食べ合わせが悪いもの（乳製品とフルーツ。揚げ物とビールなど）、気・血・水の流れをつまらせやすいもの（乳製品全般など）を継続して摂っていると、デリケートゾーンのにおいが不快なものになります。太りすぎの人は、ギー（141ページ参照）も控えましょう。

食事に気を配り、つまりを取るだけでなくクレンジング効果もあるオイルケアを行えば、においは改善されるはずです。

ホルモンの分泌が活発な20代から30代には、異性を引きつけるセクシーなにおいが出ますが、そのにおいが悪臭に変わらないよう、清潔にしておきましょう。ただし、石けんで洗うのは、足のつけ根（パンティライン）と、肛門とそのまわりだけ。膣や外性器は粘膜なので、石けんは使わず、お湯で流し洗いをすれば十分です。気になる方は、専用の洗浄剤を使ってください。

おりもの……細菌の侵入を防ぎ、膣を浄化し、受精を助ける働きをしているのが、おりものです。閉経前なら、無色透明で、においもほとんどないおりものが出るのが健康な状態。月経があるのに、おりものがほとんど出ないという人は要注意です。膣壁の新陳代謝が悪くなっている可能性があるからです。

排卵のときは、透明で糸を引くような粘り気のあるおりものが出て、月経前は、ホルモンの関係で、おりもののにおいが少し強くなったり量が増えたりします。

オイルケアを行うと、おりものはさらさらしたものになってくるはずですが、色がついている、においがきつい、塊《かたまり》があるという場合は、感染症や膣炎などの疑いもあるので、病院で検査をして適切な治療を受けてください。

かゆみ……陰部のかゆみは細菌感染の可能性もありますが、多くは、かぶれやムレ、乾燥によって起こります。適度な粘液が分泌されていても、緊張が続いたり、疲れがたまったりすると、おりもののpH《ペーハー》がアルカリ性に傾き、かぶれやかゆみの原因になることもあります。こまめにセルフケアを行ってください。

生理痛……生理痛は、目の使いすぎ、夜ふかしや寝不足、冷えやストレスなどでも起こりますが、気・血・水の流れがとどこおっている可能性もあります。痛みがひどいなら病院で相談。病院へ行くほどではないなら、冷たいもの、刺激が強いもの、食べ合わせが悪いもの（乳製品とフルーツなど）、砂糖や、苦み・渋みの強いものを避け、消化によい温かいものを食べ、夜ふかしはやめて、体を冷やさないように、すでに冷えているなら冷えを取ることが大切です。

アーユルヴェーダでは、生理が終わって1週間が過ぎたら、人肌にあたためた30ccのオイルを10日ほど、毎日、肛門から直腸に注入すると生理痛が軽減するとされています。

痔……日本の成人のうち2人に1人は痔[※1]と言われていますが、痔になるのは、男性より女性のほうが多く、[※2]出産経験のない若い女性でも、痔になることは珍しくありません。

痔の最大の原因は便秘だと言われますが、血行不良に結びつく冷えやストレス、運動不足などの生活習慣も引き金になるので、血行をよくすることが大切です。

尾骨の先端の左右には、痔に効くとされる会陽《えよう》というツボがあります（会陽の場所は162ページ参照）。〝セクシャリティ　パワー　ポイント〟とも呼ばれるツボで、ここをマッサージすると、肛門まわりの血行がよくなり、呼吸も楽になって、女性器や膀胱にもよい影響がでます。

性欲低下・不感症……性欲がわかないという女性は、股関節や坐骨結節《ざこつけっせつ》（157ページ参照）のあたりが硬くなっていることが多いようです。パートナーと気持ちよくふれあってほぐしてもらうと、体の硬さが取れるだけでなく、心の硬さも取れてきます。好きな相手とセックスをしても気持ちよくならないという人は、

※1「気になる消化器病 痔」 日本消化器病学会「消化器 now」2000年9月20日
※2「どうすれば安全安心：痔の悩み、若い女性に増加 冷えやストレスの便秘原因」2014年8月28日 毎日新聞

パートナーと一緒に、オイルケア入浴を行ってもいいでしょう。優しくふれあうと、オキシトシンという愛情ホルモンが分泌され、ストレスが解消されるだけでなく、パートナーとの絆も深まります。

尿もれ・頻尿……女性は、男性より尿道が短いため、尿失禁が起こりやすいのですが、病院で病気ではないと言われたら、骨盤底筋のおとろえを疑いましょう。

重いものを持ったり、セキやくしゃみをしたときなどに尿がもれるのが〝腹圧性尿失禁〟、頻繁《ひんぱん》に尿意を感じて何度もトイレに行きたくなるのが〝過活動膀胱〟です。ケアをしないと、97ページで説明する膀胱瘤《ぼうこうりゅう》、子宮下垂などになる可能性があります。

不健康な太りかたをすると、骨盤底筋に問題がなくても、胃や腸だけでなく膀胱の機能も低下するので、食生活を見直して腸を健康にする必要があります。

便秘……女性は、男性より腹筋が弱く、月経前に分泌が増える〝黄体ホルモン〟の影響もあって便秘になりやすいのですが、便意があるのにトイレに行かなかったり、無理なダイエットをしたり、ストレスや運動不足、食生活の乱れなども便秘の原因になります。

病院へ行き、病気によるものではないと言われたら、便秘の人は、膣や会陰が硬くなっていることが多いので、すぐにセルフケアを始めたほうがよいでしょう。そのままにしておくと、痔になる可能性があるだけでなく、骨盤底筋が弱って、直腸瘤（97ページ参照）や骨盤臓器脱（98ページ参照）になる確率が高くなります。

冷たい牛乳やヨーグルト、生野菜などをたくさん摂ったり、排便時、トイレに5分以上座っていたり、力一杯い

◎便秘解消に役立つ食べ物＆飲み物

◇ギーを小さじ１杯入れたホットミルクをカップ１杯、寝る前に飲む。
◇ヨーグルトを常温の水で６～８倍に薄め、岩塩とショウガの粉末を入れ、しっかり撹拌して食後に飲む。
◇黒い干しぶどうを10～20粒、朝、水につけておいて、夜、食べる。
◇寝る前に熱い白湯を飲む。
◇朝起きたら常温水をコップ１～２杯飲む（下痢しやすい人には向かない）。

アーユルヴェーダでは、便秘は病気とされている。渋みのあるお茶･コーヒー・紅茶は避け、早寝早起きをして、体を冷やさず、冷たいものを摂らないようにすることが大切。ギーの作り方は143ページを参照。

きんだりすると、骨盤底筋のおとろえを加速させるおそれがあるので気をつけましょう。

便秘には2種類あって、ストレスや緊張、不規則な生活などが続いたときは、ウサギのフンのようなコロコロとした乾いた便になり、食べたものがうまく消化されないときは、においの強い、粘り気のある便になります。どちらの便秘も生活習慣や食生活を見直し、セルフケアによって体の冷えを取れば、おのずと解消されてくるはずです。便秘が改善されると、肌荒れ、吹き出もの、肩こり、頭痛なども改善される可能性があります。

便もれ……便もれにはいろいろな原因があるので、まずは病院へ行って原因を確かめましょう。骨盤底筋に含まれる肛門括約筋《こうもんかつやくきん》がおとろえていたり、直腸が膣のなかに落ち込んでくる直腸瘤が原因だったりするなら、オイルケア入浴、会陰マッサージ、骨盤底筋体操をこまめに行い、食生活や生活習慣の改善、ストレスの軽減に努めてください。

性交痛・膣萎縮……膣や会陰が乾いたり硬くなったりすると、膣が萎縮してきて愛液も分泌されにくくなるので、性交痛が起こり、痛みでセックスができなくなります。

日頃から心許せる人と、よいセックスをしていると性交痛になりにくいので、パートナーとともに前戯にたっぷり時間をかけたセックスを心がけましょう。好きな人ができたら性交痛が改善したという人もいますが、長いあいだセックスをしていないと、改善されるまでに数カ月かかります。会陰マッサージをこまめに行うと、比較的早く改善されるでしょう。必要なら、潤滑剤なども気軽に使ってください。

尿道瘤・膀胱瘤・子宮下垂・直腸瘤……骨盤底筋のおとろえを放置すると、骨盤内の臓器が下がってきます。それに押されて膣がへこみ、膣のなかにそれらの臓器が出っ張ってきます。

膣のなかに尿道が出っ張ってくるのが尿道瘤《にょうどうりゅう》。膀胱が出っ張ってくるのが膀胱瘤。子宮が下がってくるのが子宮下垂。直腸が出っ張ってくるのが直腸瘤です。

膣のなかに子宮や膀胱や直腸が出っ張ってきても、それらの臓器が膣のなかにとどまっているうちは、ほとんど自覚症状はありません。それらの臓器が子宮口から飛び出してくる骨盤臓器脱になって、初めて気がつくという場合がほとんどです。子宮下垂は性交痛に結びつくこともありますが、気づかないこともあるので、早期発見には日頃のケアが非常に重要です。

欧米では、出産後に、出産で痛んだ骨盤底筋のリハビリを行うことが常識になりつつあります。日本では、まだほとんど普及していませんが、出産したら、かならず骨盤底筋の回復のため、普通の運動とは異なる「骨盤底筋体操」を行う必要があると覚えておいてください（骨盤底筋体操は186ページ参照）。

骨盤臓器脱（膀胱脱〈膀胱瘤〉・子宮脱・直腸脱）……骨盤内にある膀胱や子宮や直腸などが、膣壁もろとも膣口から出てきてしまう骨盤臓器脱は、昔からある女性特有の疾患で、〝なすび〟〝ピンポン玉〟〝女性のヘルニア〟などとも呼ばれています。

膀胱が出てくるのが膀胱脱（膀胱瘤）、子宮が出てくるのが子宮脱、直腸が出て

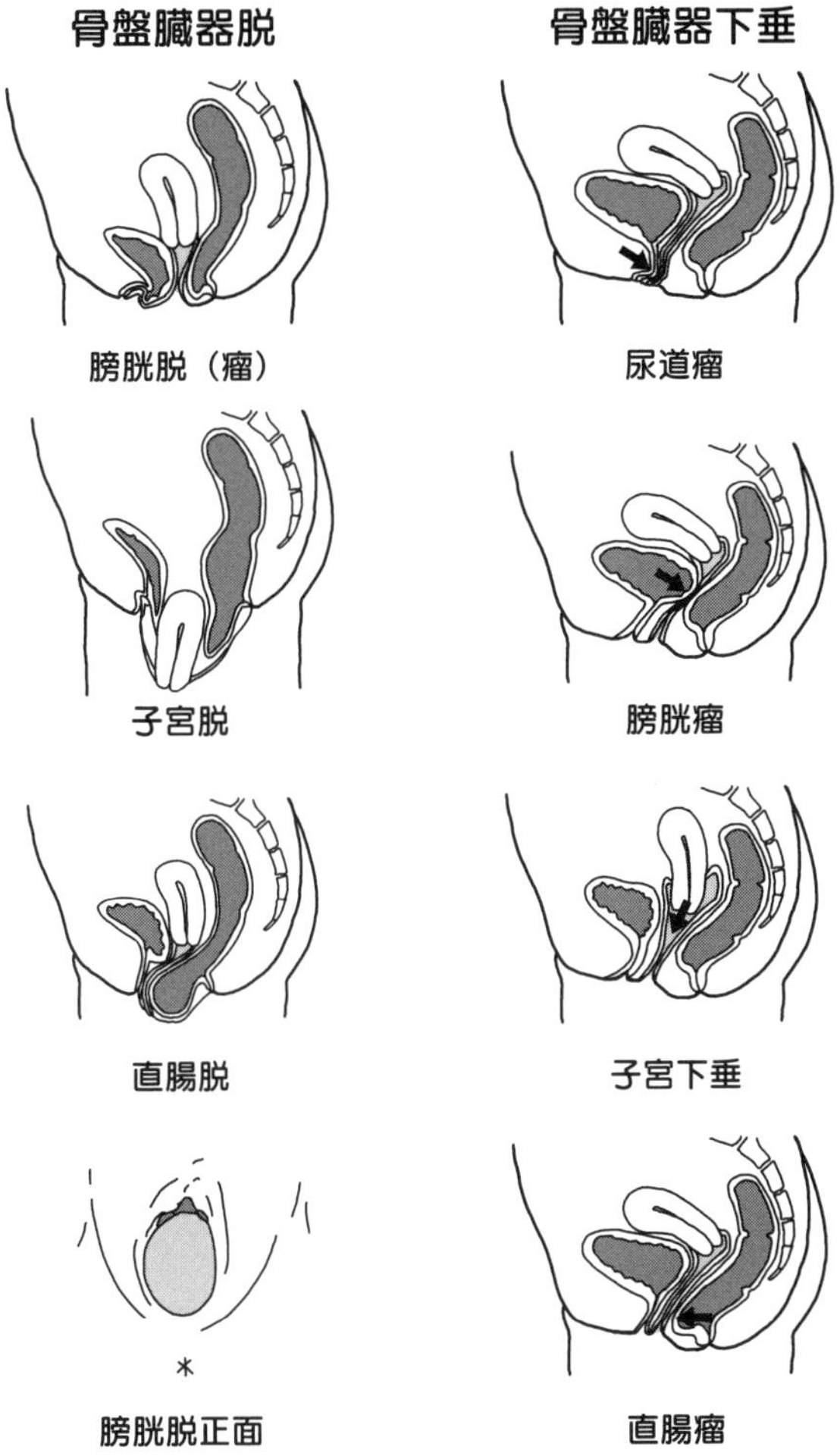
骨盤臓器脱
骨盤臓器下垂
膀胱脱（瘤）
尿道瘤
子宮脱
膀胱瘤
直腸脱
子宮下垂
*
膀胱脱正面
直腸瘤

くるのが直腸脱。子宮を摘出している場合は、小腸が落ちてくることもあります。ひとつだけ落ちてくるわけではなく、骨盤内の臓器すべてが下がってきますが、最初に体外に出てくるのは膀胱が多いと言われています。

体外に出てきた膀胱を体内に戻す手術をしても、次は子宮が下がってきて、もう一度、子宮を持ち上げたり切除したりする手術を受けなければならないこともあります。高齢になると、小さな穴だけを残して膣口を閉じる手術をすすめられることもあります。

日本では、女性の尿もれが増えているうえに、寿命も伸びているので、今後、骨盤臓器脱になる人が増えるだろうと予想されています。

ほかにも、骨盤底筋がおとろえると体の軸が不安定になるので、足が疲れやすくなったり、足首の関節が硬くなったり、むくんだりして転倒しやすくなります。高齢になると、それが原因で寝たきりになる可能性もあるということです。

若い人でも、以前は問題なく履けていたハイヒールが履けなくなったら要注意。転びやすくなっているなら赤信号です。

さらに、いらいらしたり、憂鬱になったり、物忘れがひどくなったりもします。脳の若さを保つためには、膣や会陰をやわらかくしておく必要があるのです。

閉経すると、女性の美しさと深い関わりがあるエストロゲンというホルモンがまったく分泌されなくなるので、高血圧や骨粗鬆症になりやすくなるだけでなく、肌からはうるおいが失われ、しわやたるみが目立ってきます。髪も、つややかさやハリを失い、体からは女性らしさも失われていきます。

女としての魅力を失わず、女であることを楽しみながら生きるためには、愛し愛されたいと願い、人とふれあうことで得られる安らぎや、幸福感を求めて生きていることが大切です。セクシャルなエネルギーを肯定し、セクシャルな自分を楽しみましょう。そういう女性は、まわりの人を幸せな気持ちにするので、社会的にも成功する可能性が高くなります。

女性であれば、年齢に関係なく、膣や会陰、骨盤底筋を柔軟にしておくことが大切だということが、おわかりいただけたでしょうか？

▽お勉強コラム——骨盤底筋と骨盤臓器脱

骨盤底筋とは、骨盤内にある内臓（膀胱、尿道、子宮、小腸、大腸）を、胴体の一番下で支えている筋肉や筋の総称。排泄をコントロールする尿道《にょうどう》括約筋《かつやくきん》や肛門括約筋なども含まれるため、出産・加齢・便秘・肥満などによって骨盤底筋がおとろえると、骨盤内の臓器が下がってくるだけでなく、排泄のコントロールも難しくなる。

骨盤底筋には8の字のように見える筋肉があり、ふたつの円が接している部分が会陰。会陰が硬いと、8の字に見える筋肉すべてが柔軟性を失っていると考えられる。

東洋医学では、気が弱ると口角が下がり、ホウレイ線が目立ってくるとされるが、姿勢も悪くなり、胃が下がってくるので、それに押されて骨盤内の臓器も下がってくると考えられている。

スウェーデンでは「20歳から59歳までの女性のうち、出産経験者の44%が骨盤臓器脱の症状を持っている[※1]」とされ、アメリカでも、「膣の中にとどまる場合も含めて、閉経後女性の約40%が骨盤臓器脱になっている[※2]」という。

真下から見た骨盤底筋

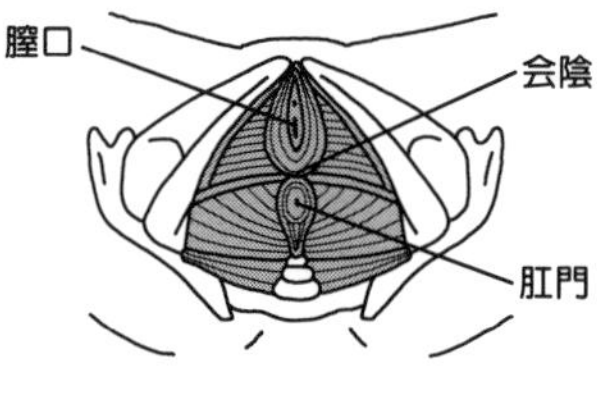

横から見た骨盤底筋

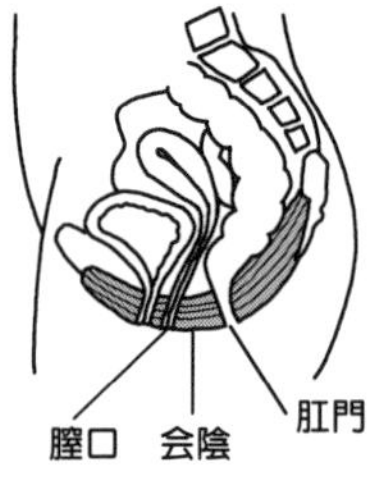

※1 Am J Obstet Gyneol 180. 1990
※2「骨盤底筋体操　お勧め　高橋悟さん」2015年2月25日　朝日新聞

原田の告白――

●性について無知なのが上品ですか？

はあ～、出るのは、ため息ばかり……。

こんなに大切なことを、どうしていままで誰も教えてくれなかったのでしょう。

私はなぜ、この歳になるまで知らなかったのでしょう。

たとえば性交痛について、それが女性器のおとろえのサインであることを、パートナーがいる女性は、みんな知っているのでしょうか。

私のまわりの女性、数名に聞いてみましたが、更年期前なのに性交痛があるという20代～30代の女性も、更年期になって性交痛が起きたという女性も、それが女性器のおとろえのサインとは知らず、そのままにしておけば膣が萎縮してきたり、セックスよりもっとずっと困った問題が起きたりする可能性があることを、まったく知りませんでした。

パートナーがいてもセックスレスだったり、セックスをするパートナーがいなかったりすれば、膣がどういう状態になっていようが関係ないと思っているのか、ほとんどの女性が、たつのさんの言葉通りまったくの「ほったらかし」なのです。

人のことは言えません。私もほかの女性と同じように、ほったらかしだったからです。たつのさんから、何度も「困った問題が起きる」と言われていたのに、自分の膣にさわることに大きな抵抗を感じ、なかなかケアを始めることができなかったのです。

私はなぜ、自分の膣にさわることに、それほど大きな抵抗を感じたのでしょう。子どものころから「さわるな」と言われてきたことも一因かもしれませんが、私はこれまで、無意識のうちに、性に関しては無知であるほうがいい、そのほうが上品だと考えていたのです。性に関心をもつことなく、「私には女性器なんてありません」という顔をしてすましている。それが、女性としての品位を保つことだと思っていました。

けれども、品位を保つことと、無知であることはイコールではありません。

大人の女性であれば、性についてきちんとした知識をもち、自分の女性器の状態にも気を配って、つねに美しく健康であるよう努める――。たつのさんの話を聞いているうちに、それこそが、地に足がついた大人の女性の生き方ではないかと思うようになったのです。性についてきちんと知るということは、下品になることではなく、言ってみれば知的になるということ。落ち着いた、本物の品位を身につけるということなのでしょう。

●大人の女性になるための知識

たつのさんのところにうかがって、お話を聞くようになって数カ月が過ぎたある日のことです。たつのさんが、私の目の前に「アダルトグッズ」と呼ばれるものを差し出しました。

それは、やわらかなゴムのようなものでできた女性のお尻。ウエストの下あたりから、太ももの中程までのトルソー《胴体》です。股のあいだには、ちゃんと女性器もついています。そこに、男性器を挿入する穴（膣口）がついているのです。

「ここに指を入れてみてください」

たつのさんは、こともなげに言いました。

「ええー!!　これに⁉」

「そうです」

たつのさんは、平然としています。

イヤと言うわけにはいきません。私は言われるまま、恐る恐る、その穴に指を入れてみました。たつのさんに悟られないよう願っていましたが、なぜかドキドキでした。

まさかこんなものに指を入れることになろうとは……と思いながらも、入れてしまえば、私の場合、好奇心が優ってしまいます。

実物よりは誇張されているのでしょうが、模型の膣のなかはヒダヒダがあって、かなりデコボコした感じ。デコボコの膣壁が、指にまとわりつくような感触までありました。

「どうですか?」

「……すっ、すごいですね」

なにがすごいんだか……。

でも、模型とはいえ、生まれて初めてさわる、自分以外の女性の女性器です。

なるほど、こうなっているのかと、感心するばかりでした。

私たち日本人女性は、自分の体の一部なのに、女性器のことをほとんど知りません。ましてや、自分以外の女性の女性器なんて、一切わかりません。自分の女性器も、ほかの女性の女性器も、私たちにとっては、まさにブラックボックスのようなものなのです。

そのため、私を含め多くの日本人女性が、自分の女性器に対して、わけのわからない不安を抱えています。セックスをしても気持ちよくなれないのは、すべて自分のせいだと思いこんだり、すべてパートナーが悪いからだと決めつけてしまったり……。

男性は、自分の男性器がほかの人とくらべて大きいとか小さいとか、そういうことがわかっていますが、女性は、自分の女性器がほかの女性にくらべてどうなのかが、まったくわかりません。だから、自分の女性器に対して、客観的な判断ができないのです。

男性器の大小が、セックスの気持ちよさを左右するものでないことは、いまや常識。だから、ほかの人とくらべる必要などない、という意見もあるでしょう。

でも、パートナーを愛し、愛されるためには「自分を知る」ことが必要です。

たつのさんによれば、「女性器は、人によって見た目も形もみな違う」そうなので、絶対的な標準形などないのかもしれません。それでも、標準的な女性器を知らなければ、自分のものがどうなのかを知ることはできません。そのせいで過剰な不安を抱えてしまったり、根拠なく自信過剰になってしまったり……。そうなれば、パートナーとのセックスを、パートナーとともに、心から楽しむこともできなくなってしまうのです。

これは、もっとあとになってわかったことですが、私の女性器は、模型の女性器とくらべると、デコボコはないし、やわらかさもなく、たるんでいる、お粗末なものでした。ちょっとがっかりしましたが、本気で落ちこんだりはしませんでした。ふーん、やっぱり、ちゃんとケアしなければいけないなあ、と思っただけです。

自分を知れば、現実に打ちのめされることもあるでしょう。でもそれは、自分を受け入れ、肯定していくための最初の一歩。現実を受け入れれば対策が立てられるし、戦略を練ることもできます。膣を、自分の力で、よりよい状態にすることができる！　つまり、より魅力的な女性になれる！　ということです。それこそが、大人の女性の対処というものでしょう。

私はいま、たつのさんに見せてもらったトルソーのようなものを学校に配布して、女生徒たちに自由にさわらせながら性教育をすればいいのに、と思っています。20代と60代、ふたつのトルソーがあればベストでしょう。それを使って、女性器はどういう構造をしているのか、性的興奮や年齢によって女性器がどう変化するかなどを、きちんと教えるのです。そういうことがきちんとわかっていれば、私たち女性の、性に対する向き合い方も、いまとはかなり違ったものになるはずです。知識をもつということは、現実を変えていく力をもつということ。大人になるということなのです。

●自分の女性器に自信が持てないのはなぜ？

若い女性が、アンダーヘアを整えたり、女性器を整形したりするのは、欧米の影響もあるのでしょうが、自分の女性器がほかの女性のものより劣っているのではないかという、ぼんやりとした不安を抱えていることが大きいのではないでしょうか。

そのため、男性から心ないことを言われると、それほど多くの女性を知っているわけでもない、思いやりのない男性の意見に過ぎないのに、それが世界を代表する絶対的な評価のように思えて、女性はセックスに対する一切の自信を失ってしまうのです。

そのような体験がトラウマになって、セックスを楽しめなくなったという人は少なくないでしょう。実は、私もそうでした。

30歳で離婚したあとにつきあった男性に、「普通の女性は、オーガズムになると膣の奥が痙攣《けいれん》するんだよ。男にとってはそれがたまらないのに、君のは痙攣しないね」と、言われたのです。

聞き流すふりをしていましたが、大ショックでした。私の膣は粗悪品なのかと思って、深く傷ついてしまったのです。そんなことは気にしてもしょうがないと思い、忘れたつもりでいましたが、何十年たったいまでもはっきり覚えています。

NHKの「あさイチ」という番組で、ちつトレ（膣のトレーニング）について話し、世間を驚かせた女性泌尿器科の関口由紀医師の本『カラダがときめく　ちつトレ！』（アスコム）を読んで、はじめてその痙攣のことがわかりました。

関口医師によると、オーガズムのときに起きる膣の痙攣は、骨盤底筋の収縮だそうです。オーガズムに達すると骨盤底筋が痙攣し、それが膣に伝わって男性に感知されるというのです。ということは、私が痙攣しなかったのは、膣の問題ではなく、骨盤底筋の問題だったということです。

ふ〜〜〜ん。そうだったのか。

若いころから、女性器が冷えるような生活ばかり。出産では、陣痛抑制剤も陣痛促進剤も使ったあげくに会陰切開。未熟児で産まれた娘が遠くの病院に入院したため、毎日、バスを乗り継いで授乳のために通った私は、たつのさんが「女の一生を左右するので、絶対に必要！」と言う産後養生はもちろん、骨盤底筋のことなどまったく知らなかったので、産後リハビリも一切、行いませんでした。そんなこんなで、30代前半だったそのころから、すでに骨盤底筋がおとろえ始めていたのでしょう。

骨盤底筋が柔軟で膣も良好な状態であれば、女性の性的快感も強くて深いものになるそうです。早くからそれを知り、きちんとケアをしていたら、もっと気持ちのいいセックスを体験することができたかもしれないと思うと、「せっかく女に生まれたのに、惜しいことをした」という気持ちになります。

ちなみに私は、身長163センチ。40代後半まで、体重はずっと50キロ前後でした。ダイエットをしたわけではなく、ストレスの多い生活だったので太れなかっただけなのですが、そのころは、スタイルだけは自慢できると思っていました。やせていることが原因で体調不良になったり、性的感度が鈍くなったりするなんて、考えたこともなかったのです。

冷え症で、かなりの低血圧でもあった私は、不健康だっただけなのに、アンニュイ《ものうげ》な女を気取り、自分ではいい女のつもりでいました。

あまりの愚かさに、我ながらがっかりしてしまいますが、いまさら嘆いてもはじまりません。原因さえわかれば対策が立てられるのですから、それで良しとします。下《しも》に問題を抱えないためにも、骨盤底筋を鍛えましょう！

参考のために申し上げておくと、股間の黒ずみや、においを気にしていた私の知り合いの30代から40代の女性数名は、たつのさんがすすめるオイルケア入浴と会陰マッサージを行った結果、全員、黒ずみもにおいも改善されたそうです。なかには、痔に悩んでいた女性もいたのですが、それも改善されたとのこと。

子宮筋腫の手術をしたあと、異様なほど粘り気のあるおりものが出ていたという40代後半の女性は、膣ケアを続けていたら、おりものがサラサラになったと話してくれました。生理のときの不快感も改善されたそうです。

●パートナーがいなくても大丈夫！

三砂ちづるさんは、前章で紹介した『オニババ化する女たち』のなかで、「セックスというのは、からだにしてみれば、『緊張していた状態をゆるめていく』ような経験」と書いています。

最近の女性は、つねに体のどこかに力を入れて、戦闘態勢を維持しています。くじけそうになりながら、それでも歯を食いしばってがんばっているのです。でも、そのせいで体がこわばり、性欲すらなくなっているのだとしたら……。

本当はそういう女性こそ、好きな相手と、とろけるようなセックスをして、ゆるむ必要があるのでしょう。気持ちよくスキンシップをすれば、ストレスを緩和して、人との親和性を高めてくれるオキシトシンというホルモンが分泌されることは、すでに広く知られていることです。

だけど、男性に対して性的興味すらもてなくなっている私。このままでいたら、オニババ一直線。攻撃的かつスネ者の、エキセントリックばあさんになること間違いなしです。いったい、どうしたらいいのでしょう。

調べてみたら、オキシトシンは、スキンシップをしなくても、親しい人と楽しく会話をすれば、それだけで分泌されるそうなので、とりあえず、女友だちと楽しめばいいかと思っていたら、オキシトシンは心地よい刺激によって、反射的に分泌されるとのこと。それならセルフマッサージでも分泌されるのでは？　と思い、真偽をたしかめるため、桜美林大学教授で身体心理学者の山口創先生にうかがってみました。

すると、「現段階では実験した人はいないと思うが、セルフマッサージでオキシトシンが出るであろうことは、海外の研究者も指摘しており、私も間違いないと思っています」とのこと。山口先生は専門誌に、セルフマッサージによって「自分自身を信頼して、受け入れる気持ちが養われるのではないか」[※3]とも書かれていて、救われる思い。

※3『看護実践の科学』2009年11月号 看護の科学社

パートナーがいなくても、自分をいとおしみながらセルフマッサージを行えば、オニババにならずにすむかもしれないのです。

そのあと、さらに衝撃的な文献を見つけました。

医薬品の研究開発を行っているグローバル企業が出している医学書のなかに、――オルガスムを得ると（バイブレータを使用して子宮頸部を刺激する場合も含む）、オキシトシンが放出され、後に続く幸福感、弛緩《しかん》に寄与しうる[※4]――と書かれていたのです。

つまり、パートナーとのセックスでなくても、子宮頸部を刺激して性的快感を得ればオキシトシンが放出されるということです。

そういえば、たつのさんも、初めてお目にかかったとき「膣壁や子宮口にふれるマスターベーションをすることが大事」とおっしゃっていました。

う～ん、だけど、バイブレータはハードルが高すぎる。オニババになるかバイブレータを買うか、これは究極の選択だ、と思うのは私だけでしょうか。

ちなみに、オキシトシンは、「健康長寿ホルモン」とも呼ばれ、高齢期の筋力維持にも必要なホルモン[※5]だそうです。

※4「女性における性機能不全」『メルクマニュアル 第18版 日本語版』Mark H. Beers 他著　福島雅典総監修　日経 BP 社
※5「愛情ホルモンが筋力維持――Dr. 白澤　100 歳への道」2014 年７月３日 毎日新聞

ということは、オキシトシンは、骨盤底筋の筋力維持のためにも必要ということ。バイブレータを買うかどうかはともかく、最低でも、セルフマッサージをこまめに行って、積極的にオキシトシンの分泌を促す努力をしたほうがいいということでしょう。

パートナーがいようがいまいが、セックスをしようがしまいが、いくつになっても、立ち姿の美しい凛《りん》とした女性でいたい。そのためには、やっぱりセルフケアをするしかない！

というわけで、いよいよたつのさんから、それぞれのセルフケアの効用と、やり方を具体的に教えてもらうことにしました。

第4章

セルフケアについて知る

準備するもの

究極のアンチエイジング

それでは最初に、セルフケアの効用とおおまかな手順を説明していきましょう。
ここで紹介するセルフケアは、次の3つです。

1 オイルケア入浴と、なで洗い
2 会陰マッサージ
3 骨盤底筋体操

この3つのセルフケアは、それぞれ単独に行うのではなく、並行して行うことに意味があります。これらを並行して行うと、次のような利点があるからです。

☆即効性がある。
☆30代～40代はもちろん、高齢になっても効果があらわれる。

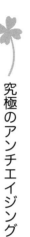

毎日、続けて行うと、年齢にもよりますが、早い人は1週間で体が変わります。毎日が無理なら、週1～2回でも、1カ月ぐらいで体が変わるのが実感できるはずです。

最初に効果があらわれるのは、膣です。膣壁がやわらかくなり、うるおいが戻ってきます。会陰だけでなく、尿道括約筋や肛門括約筋もやわらかくなり、継続して行えば、生理痛、尿もれ、便秘、痔にも、よい効果が出て、冷えも改善されてくるはずです。

40代も後半になると、どれかひとつだけを行っても、なかなか効果が実感できません。

最近、骨盤底筋体操が奨励されていますが、これもやはり、40代後半になるとなかなか効果があらわれません。

けれども、3つを並行して行うと、効果がはっきりあらわれます。個人差はありますが、60代後半の人で、2～3回行っただけで尿もれが止まったという人がいました。2～3カ月で、膣萎縮が改善された70代後半の女性もいます。骨盤底筋も弾力を取り戻しやすくなります。

次では、その3つのセルフケアをひとつずつ紹介していきましょう。

1 オイルケア入浴と、なで洗い

私がすすめる〝オイルケア入浴と、なで洗い〟は、アーユルヴェーダではおなじみの〝アビヤンガ・スヴェーダナ（オイルを塗ったあとあたためるという意味。以後アビヤンガと略す）〟という治療法が元になっています。

日本でも、お風呂あがりに保湿のためにオイルを塗ったりしますが、アビヤンガは、先にオイルを塗り、そのあと、うっすら汗をかくまであたためます。そこが、ほかのオイルケアと大きく違うところです。

メイク落としにクレンジングオイルを使っている人はご存じでしょうが、オイルには、汚れを落とす効果があります。アビヤンガは、石けんの代わりにオイルを使って体をクレンジングする美容・健康法と言ってもいいでしょう。

オイルを塗ることで、クレンジング効果や、気・血・水の流れをよくするマッサージ効果が得られるだけでなく、保湿効果やリラックス効果もプラスされ、さらにオイルを塗ったあと発汗させることでデトックス効果も加わるので、皮膚や体に、まさに奇跡のような効果をもたらすことができるのです。

アーユルヴェーダでは、〝オイルは水の性質をもつ〟とされ、体に塗ったオイルは、５分ほどで骨髄まで浸透すると言われています。[※1] 枯れかけている木に水をやったときのように、オイルは体を芯からうるおし、冷えや乾燥を改善して私たちを若返らせてくれるのです。

こっているところ、冷えて硬くなっているところがやわらかくなり、老廃物が速やかに排泄されるようになるので、皮膚にハリが出て、色艶もよくなります。このような効果があるからこそ、アビヤンガは、〝究極のアンチエイジング〟と呼ばれているのです。

◆全体の流れ

さてそれでは、実際にどのようなことを行うのか、まずはオイルケア入浴と、なで洗いの流れを説明しておきます。と言っても、たいしたことではありません。お風呂に入る前に、オイルを全身に塗る。これがオイルケア入浴の基本です。

※１『アーユルヴェーダ 日常と季節の過ごし方』Ｖ．Ｂ．アタヴァレー著　稲村晃江訳　平河出版社

アーユルヴェーダでは、オイルを塗りながら軽くマッサージしたあと、バスローブなどを着たまま15分ぐらいあたたかい部屋で過ごし、体にオイルが染みこんでから、シャワーでオイルを落とすという方法が推奨されています。

けれども、日本には、オイルのついた体でくつろげる、あたたかい部屋があるお宅はほとんどないでしょう。だから私は、あたたかくしたお風呂場でオイルを塗ることをおすすめしています。体全体にオイルを塗れば、15分とまではいかなくても、数分はかかります。時間がないときは、オイルを塗る時間が1〜2分になってもかまいません。時間があるときは、全身をマッサージするつもりで、ゆっくりオイルを塗ってください。

オイルを塗ったら、汗をかくまで、たっぷり時間をかけて、あたたかいシャワーを浴びながらオイルを落としてしまうのが、もっとも手軽な方法でしょう。

ですが、それだけでは、なかなか、汗をかくほどはあたたまりません。時間がないときはしかたがありませんし、シャワーで落としてもそれなりの効果はあるのですが、せっかくのオイルケア入浴、最大限に効果を引き出したいですよね。

そこで、私がおすすめしているのが、オイルを塗ったら、そのままドブンと湯船に入ってしまうという方法です。

そう言うと、みなさん驚かれますが、日本人は本当に冷えているので、このぐらいしないと体があたたまらないのです。冷え症の方、体温が低い方、67ページでお話ししたエクボ尻の方はとくに、シャワーで終わらせることなく、ぜひ湯船のなかで、なで洗いを行ってください。

なで洗いとは、湯船のなかで、薄手のタオルやお風呂用手袋などを使って、体をやさしくなで洗うことを言います。これもまた〝湯船にタオルを入れるなんて……〟とか〝お湯が汚れてしまうのでは？〟と思われる方がいるかもしれませんが、素手でなで洗うより、はるかに大きなマッサージ効果が得られます。冷え症だけでなく、頭痛・腰痛、生理痛・尿もれ・便秘・痔なども改善されます。

けれども、絶対に強くこすってはいけません。やさしくなでる感じです。肩や腰などがこっていて強く押したいときは、押したいところにタオルをあて、タオルは動かさずに指で押します。指がすべらないので、とても押しやすくなります。

なで洗いは、リラックス効果にも優れています。薄手のタオルで優しく体をおおいながら入浴すると、母親の体内にいたときの記憶がよみがえるのか、不思議な安心感が得られ、自分の体をいとおしむ気持ちが自然と湧いてきます。心からくつろげるのです。

湯船で体をなで洗っていると、自然と入浴時間が長くなるので、体が心底あたたまります。発汗もスムーズに行われるので、デトックス効果も期待できます。オイルを塗っているので、皮脂が取れすぎてしまうこともありませんし、のぼせも少ないようです。

できれば5分ほど、お湯のなかで、なで洗いをしながらあたたまってください。お風呂あがりの肌はしっとり。肌の保水力も数段アップして、びっくりするほどです。血流もよくなるので、体全体がピンク色になり、筋肉もふんわりとゆるんで、やわらかくなります。

女性のなかには、汗腺の機能が低下しているのか、あまり汗をかかない人がいます。そういう人は、オイルケア入浴となで洗いをはじめると、ベットリした汗をかくことがありますが、続けて行っていると、さらさらしたよい汗が出るようになります。

入浴後に疲れが残るという方は、お湯の温度を少しぬるめにしたり、入浴時間を短くしたりして、自分にあった温度と時間を見つけてください。

どういう方法でオイルを落とすにしろ、できるかぎり湯船に入って体をあたため、発汗させることをおすすめします。

継続して行うことが大切なので、オイルを塗ったあとあたためて発汗させる、ということだけを守れば、自分のやりやすい方法で行ってかまいません。忙しい日は、全身に塗るのではなく、気になるところだけに塗ればいいでしょう。

なで洗いを続けて行っていると効果が実感できるので、ケアが楽しくなります。

お風呂から出たらすぐに会陰マッサージを行うので、爪は切っておきましょう。

お風呂掃除や、オイルがついたタオルなどの洗濯方法については175ページのコラムを参照してください。

◎注意事項……オイルケア入浴と、なで洗いは、生理が始まってからの3日間や、熱がある、食欲がない、炎症があるなど、体調が思わしくないとき、食後すぐには行わないでください。妊娠している人は、かならず専門家の指導の元で行ってください。

2 会陰マッサージ

日本人女性の多くは、自分の体の一部とはいえ、女性器にふれたり、膣のなかに指を入れたりすることに抵抗を感じるでしょう。

ですが、会陰マッサージは、骨盤底筋にうるおいと弾力を与えてくれます。女性特有の不調を改善する絶大な効果があるだけでなく、最近の若い女性の悩みであるデリケートゾーンの黒ずみやにおいの改善にも効果を発揮します。

オイルケア入浴で体をしっかり温めてから、毎日続けて会陰マッサージを行うと、早い人では1週間もしないうちに効果があらわれます。こわばっていた会陰も、硬かった膣も、肛門まわりも、やわらかくなって、ふわっとしてきます。

会陰がやわらかくなると頭がすっきりして、創造的な力がわいてきますし、リラックス効果もあります。性的感性の深化にも役立ちます。

ただし、妊娠している人は、かならず助産師さんやお医者さんなど、専門家と相談のうえで行うようにしてください。効果があるぶん、注意が必要だからです。

妊娠を希望している人は、排卵日前後には、オイルの使用は避け、潤滑剤なども慎重に選んだほうがいいでしょう。影響はないという研究もありますが、膣から分泌される体液以外のもの（唾液も含む）が膣内にあると、精子の勢いを削ぐという報告[※2]もあるからです。

妊娠していない人は、生理が始まってからの3日間、熱があるなど体調が思わしくないとき、それから食後すぐでなければ、いつ会陰マッサージを始めても大丈夫です。

時間に余裕がある人は、最初の1週間だけは、毎日、オイルケア入浴と会陰マッサージを行うといいでしょう。そのほうが効果が早く出るからです。

それでも、無理はしないでください。

膣は、デーデルライン桿菌という乳酸菌のおかげで酸性に保たれ、雑菌が繁殖しにくくなっていますから、酸化していないスキン用オイルを使用し、爪を切った清潔な手で、痛くない程度に行えば、体に害を及ぼすことはありません。それほど神経質になることはないのです。ただし、マッサージはあくまでもやさしく、ゆっくり行ってください。

指を入れることに抵抗がある人、緊張や乾燥などで痛くて指が入らないという

※2 Effect of vaginal lubricants on sperm motility and chromatin integrity: a prospective comparative study. A Agarwal et al. Fertility and Slerility.

人は、最初は指を入れず、外性器や肛門まわりに、オイルをやさしく塗りこむだけにしましょう。効果が感じられるのに少し時間がかかるとは思いますが、無理をせずに行っていると、だんだん抵抗感が薄れてきます。緊張や痛みもやわらいでくるはずです。

挿入をともなう性体験がない人はさらに心配でしょうが、タンポンが使えるようなら心配することはありません。乱暴なことをしなければ大丈夫なのです。あせらず、あわてず、痛いと思ったらやめることを基本に、ゆっくり進めていきましょう。最初は「真似ごと」程度でもいいのです。ただし、継続して行うことが大切です。

なれてきて、指がスムーズに入るようになったら、指で膣壁をまんべんなく押す動きを加えます。そうやって、血流をうながすのです。ただし、痛くなるほど押してはいけません。あくまでも、やさしく、です。

膣に入れる指も、最初は人差し指1本で十分です。なれたら、2本にしてもかまいませんが、無理をすることはありません。親指を入れるのは不安かもしれませんが、効果が倍増するので、親指はぜひ使ってください。便秘にも効果があります。人差し指と親指を使う会陰マッサージは、欧米や日本で、妊婦さんにもすすめられています。

会陰マッサージを行っているとき、気分が悪くなったり、ネガティブな感情がわきあがってきたりしたら、深呼吸をしましょう。ネガティブな感情を、息と一緒に吐き切るよう意識します。それでも気分がよくならないときは、会陰マッサージを中止し、別の部屋へ行ったり、お茶を飲んだりして、気分転換をしてください。心も体も、無理をせず、少しずつ時間をかけてほぐしていくことが大切なのです。最初はネガティブな感情が次々わいてくるかもしれませんが、体がほぐれてくると、不思議とネガティブな感情からも解放されてきます。

会陰マッサージには、もうひとつ、大きな効果があります。

女である自分の体をよく知ることで、自分に自信がもてるようになるのです。自分を大切にして、いとおしむ心が育ちます。心が落ち着き、安心感や安定感がもてるようになります。体のバランスがよくなるので、実際に、地に足がついた感じになります。

パートナーがいる人は、パートナーに会陰マッサージをやってもらうと、さらに効果があがります。

会陰マッサージは、更年期や閉経を迎えた女性にも、絶大な効果を発揮します。ぜひ積極的に行ってください。女性器がやわらかくなるということは、骨盤底筋もやわらかくなるということです。骨盤底筋が弾力や柔軟さを取り戻してくるので、排泄のトラブルを回避・軽減することができます。膣に指を入れることで、子宮や膀胱が下垂していないか、確かめることもできます。若いころと同じとまでは言えませんが、うるおいも戻ってきます。

会陰マッサージが終わって、時間があるなら、続けて骨盤底筋体操を行ってもいいでしょう。膣に指を入れた状態で骨盤底筋体操を行うと、骨盤底筋体操が正しくできているかどうか、自分で確認することができます。時間がないようなら、骨盤底筋体操はお風呂上がりでなくてもかまいません。
◎注意事項……会陰マッサージは、生理が始まってからの3日間や、熱がある、食欲がないなど、体調が思わしくないときは行わないでください。清潔を保ち、無理をせず、痛みがあったら中止します。異常がある場合は、すぐに病院で相談してください。妊娠している人は、かならず専門家の指導の元で行ってください。妊娠を希望している人は、念のため、排卵日前後はオイルなどの使用を避けたほうがいいでしょう。

3　骨盤底筋体操

骨盤底筋は、骨盤内の臓器を支えている大切な筋肉ですが、最近は、食生活や生活習慣の影響か、若いうちから骨盤底筋がおとろえてしまう人が増えているので、年齢に関係なく、鍛えておく必要があります。

けれども、骨盤底筋はインナーマッスル。普通にスポーツなどを行っても、なかなか鍛えることができません。そのため、独特なトレーニング法である「ケーゲル体操」や「ガスケアプローチ」などがインターネットや書籍などでも紹介されているので、ご存じの方も多いでしょう。

けれども、ひとつ問題があります。どんなトレーニング法で行うにせよ、骨盤底筋体操を正しく行うためには、ちょっとしたコツがいるということです。

私たちは毎日、骨盤底筋を使って、尿や便の排泄をコントロールしていますが、それは無意識に行っていること。そのため、意識的に骨盤底筋を動かそうとすると〝あれ？　どうすれば動かせるの？〟と、なってしまうことが多いのです。

たとえば、尿意をがまんしているときに使う筋肉（尿道括約筋）と、便意をがまんしているときに使う筋肉（肛門括約筋）は違う筋肉なのですが、尿意も便意もないときに、そのふたつの筋肉を、それぞれ別々に、自分の意思で動かすことができますか？

膣や会陰が硬くなっていたり、骨盤底筋がおとろえていたりすると、自分の意思で尿道括約筋や肛門括約筋を動かそうとしても、なかなか思うようには動かせません。自分では力を入れているつもりなのに、ぜんぜん力が入っていなかったり、変なところに力が入って、肝心なところに力が入らなかったりするのです。

つまり、骨盤底筋体操を行っても、ほんとうに筋力アップができているかどうかが、自分ではよくわからないということです。

2013年の1月に、NHKの「あさイチ」で、理学療法士の重田美和さんが〝冷え性を解消する骨盤底筋トレーニング〟として、尿道括約筋と肛門括約筋を、それぞれ別々に動かして鍛える骨盤底筋体操を紹介してくれました。

本書では、重田さんが紹介してくれた、そのトレーニング法を、自分の膣に指を入れた状態で行う方法を紹介します。膣に指を入れた状態で行うと、尿道括約筋と肛門括約筋の動きが簡単にわかるため、骨盤底筋体操が正しくできているかどうかを、自分で確かめることができます。

〝膣に指を入れる〟と言うと、またまた抵抗を感じる人もいるでしょうが、骨盤底筋体操のやり方を指導するお医者さんや理学療法士さんのなかにも、患者さんの膣のなかに指を入れて、骨盤底筋体操のやり方を指導する人がいます。そのほうが、骨盤底筋体操がきちんとできているかどうかが、施術者にも患者さんにもわかりやすいからです。

自分で行うのは抵抗があるという人は、そういった専門家に相談するのもいいでしょう。けれども、コツさえつかめば、わざわざ専門家のところへ行かなくても、自分一人で正しく骨盤底筋体操を行うことができるようになります。

そうなれば、あとは膣に指を入れたりしなくても、いつでもどこでも、骨盤底筋体操を行うことができるようになります。コツさえわかれば、骨盤底筋体操は家事をしながらでも、電車のなかでも、歩きながらでも行えるからです。誰にも知られることなく、効率的に骨盤底筋が鍛えられるということですね。

骨盤底筋は、私たち女性にとって本当に重要な筋肉なので、ぜひこの方法を習得して、こまめに骨盤底筋体操を行ってください。骨盤底筋がしっかりすると、姿勢がよくなるので、立ち姿も美しくなります。

◎注意事項……骨盤底筋体操は、生理が始まってからの3日間や、熱がある、食欲がないなど、体調が思わしくないときは行わないでください。膣に指を入れる場合は、清潔を保ち、無理をせず、痛みがあったら中止します。異常がある場合は、すぐに病院で相談してください。妊娠している人、出産直後の人は、かならず専門家の指導の元で行ってください。妊娠を希望している人は、念のため、排卵日前後はオイルなどの使用を避けたほうがいいでしょう。

以上で、3つのセルフケアの効用と、だいたいの流れの説明は終わりです。

次は、3つのセルフケアを実際に行うために、準備するものを説明しましょう。

３つのセルフケアを行うために準備するもの

必要なものは1〜3まで。4のパウダーやクレイはなくてもかまいません。

１マッサージ用オイル
２フットカバー（ベリーショートソックス）
３肌ざわりのよい薄手のタオルか、浴用手袋
４スクラブ効果のあるパウダーやクレイ、米ぬかなど

まずは、もっとも重要なオイルから、くわしく説明していきましょう。

１マッサージ用オイル

マッサージ用オイルはいろいろ市販されていますが、かなり量を使うので、惜しげなく使えるお財布にやさしいものがいいでしょう。

と、いうことを考えると、もっともすすめられるのは、アーユルヴェーダが推奨するスキン用セサミオイルか、化粧品グレードのスイートアーモンドオイルです。どちらも入手しやすく、お値段もそれほどではありません。

それ以外にも、用途・効用によって、いくつかおすすめのオイルがありますので、それらを順番に紹介していくことにします。入手先は巻末238ページで紹介します。

オイルは酸化していないフレッシュなものを使い、保存は、光の当たらない場所で行ってください。古くなったオイル、酸化したオイルは、絶対に使わないでください。

石油由来のグリセリンや、ミネラルオイル（ベビーオイル、ワセリン）も、使ってはいけません。食用のオイルを使用する場合は、かならず〝キュアリング〟を行ってください。キュアリングの方法は、コラムで紹介します。

使用する前日までに、腕の内側などに少量つけて、アレルギー反応がでないかどうかを確かめるパッチテストも、忘れずに行ってください。

◆スキン用セサミオイル

〈全身、口、耳、鼻、膣に使う〉

セサミオイルとは、ゴマ油のこと。オイルケアに使うのは、炒りゴマを絞った茶色のゴマ油ではなく、生のゴマをそのまま絞った、透明、あるいは薄い黄色のゴマ油です。

セサミオイルには、抗酸化物質のセサミンなどが含まれているため、リノール酸が多いのに酸化しにくいのが特徴。皮膚からの浸透力が高く、浸透すると体内の活性酸素を減らし、体力増強・肌色向上・精力増強・老化予防などの効果を発揮します。排毒効果や、ひきしめ効果、脳の強壮効果などもあるとされています。

アーユルヴェーダでは、セサミオイルがもっともオイルケアに適しているとされ、セサミオイル

◎キュアリング――食用油をオイルケアに使う場合

食用油（生のゴマを絞ったオイルか、食用スイートアーモンドオイル。焙煎したゴマを絞った茶色いオイルは使用不可）を鍋に入れ、100度まで熱したら火を止めて、そのまま冷ます。これをキュアリングと言う。冷めたら容器に保存する。

に薬草エキスを加えたものが、全身のケアだけでなく、膣ケアにも使われています。

ただし、薬草エキスを加えていないセサミオイルには排毒効果があるため、妊娠中は使用しないほうがいいでしょう。更年期には、経血が増える可能性もあります。

スキン用セサミオイルは、インターネットや、ナチュラルスキンケア用品店などでも入手できますが、食用ゴマ油を〝キュアリング〟すれば自分で作ることもできます。

◆スキン用スイートアーモンドオイル〈全身、口、耳、鼻、膣に使う〉

妊娠している人、更年期障害で経血の量が多くなっている人には、スキン用のスイートアーモンドオイルをおすすめします。伝統的なアーユルヴェーダの治療では使われていませんが、日本アーユルヴェーダ・スクールの校長であるクリシュナ・U・K医学博士が、オイルマッサージに使用しても問題ないとしていますし、欧米では、ビタミンA、B群、Eやミネラルが含まれているため、美容効果があるとして、アロマテラピーやマッサージ、膣ケアでも多用され、日本でも、聖路加産科クリニックなどが膣ケアに使うオイルとして推奨しています。

精製度によってかなり使用感が違うため、精製度が高い化粧品グレードの使用をおすすめします。ナチュラルスキンケア用品店やアロマテラピー用品店で入手できます。

スイートアーモンドオイルは、セサミオイルにくらべると酸化しやすいので、かならず冷暗所で保存してください。


これ以降に説明するオイルは、かならずしも必要というわけではありません。でも、せっかくのオイルケアですから、自分で作ったり、手に入れたりして使うと、効果もあがるし、オイルケアがさらに楽しくなります。

◆ターメリックオイル〈口、耳、鼻、足の爪に使う〉

スキン用セサミオイルに食用ターメリックを加えた、殺菌効果があるとされるオイルです。鼻のケアに使うと、花粉症などの症状を軽減する効果があるとされ、足の爪に塗ると、巻き爪や爪水虫などにも効果があるようです。

　自分でも作れますが、スキン用セサミオイル同様、インターネットで入手が可能です。自分で作る場合はコラムを参照してください。手に入らない場合はセサミオイルを使ってください。

◆食用マスタードオイル〈足、足の爪に使う〉

　マスタードの種子から採った食用オイルです。輸入食品店などで入手できます。あたためる効果が高いので、足先が冷えるという方におすすめです。弱いですが刺激があるので、足以外の肌や粘膜などに使うのはおすすめしません。足の爪に塗ると、これも巻き爪に効果があります。手に入らない場合はセサミオイルを使ってください。

◎ターメリックオイルの作り方

キュアリングをした食用ゴマ油（あるいは市販のスキン用セサミオイル）200ccを鍋に入れ、そこに食用スパイスとして販売されているターメリック大さじ1/２を入れ、70度まで熱したら火を止め、そのまま冷まして、上澄みだけを容器に保存する。沈殿したものは、カレーなどに入れてもよい。

◆アーユルヴェーダオイル

アーユルヴェーダの本場、インドで使われているオイルの多くは、セサミオイルに薬草から抽出したエキスを加えたものです。

アーユルヴェーダ産科医のシャラダ博士から、女性が行うセルフケアに適したアーユルヴェーダオイルを紹介していただきました。使用は自己責任になりますが、インターネットで購入、あるいは個人輸入することができます。

・バラ《BALA》・タイラ《TAILAM》〈全身・膣に使う〉……バラは薬草の名前、タイラはセサミオイルのこと。インドでは骨盤内の筋肉を丈夫にするとされ、膣ケアにはこのオイルか、クシーラ《KSHIRA》・バラ《BALA》・タイラ《TAILAM》というオイルが使われているそうです。

・チャンダン《CHANDAN》・バラ《BALA》・ラクシャディ《LAKSHADI》・タイラ《TAILAM》〈ＣＢＬオイルと略されることもある。全身・膣に使う〉……チャンダンとは白檀《びゃくだん》のこと。ほのかに香ります。バラ・タイラやクシーラ・バラ・タイラが入手できなければ、このオイルを使うとよいそうです。インドでは、月経過多、子宮からの不正出血にも効果があるとされています。

・イエシティマドゥ《YASHTIMADHU》・タイラ《TAILAM》〈全身・膣に使う〉……セサミオイルに、漢方薬でも使われる甘草《かんぞう》（イェシティマドゥ）のエキスが加えられています。インドでは、肌だけでなく、粘膜にもよい効果をもたらすとされ、女性器のケアにも使われているそうです。

・ヘッド・マッサージ用オイル〈頭に使う〉……アーユルヴェーダのヘッド・マッサージ用オイルは、日本でも比較的かんたんに入手できます。

・ギー〈目・鼻に使う〉……バターからオイル成分以外のものを取り除いたギーは、アーユルヴェーダではとくに上質なオイルとされています。無塩バターから自分で作ることができるので、コラムで作り方を紹介します。

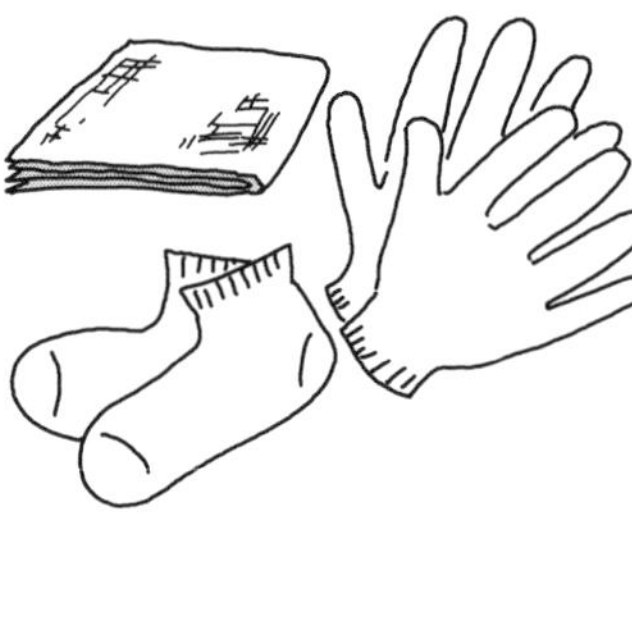

２フットカバー（ベリーショートソックス）

スニーカーを履くときなどに使う、くるぶしまでの短いソックスです。足にオイルを塗るとすべりやすくなるので、オイルが落ちるまで履いておきます。木綿やシルクなど、天然素材がおすすめです。インターネットで買える、使い捨て紙スリッパを使ってもいいでしょう。

◎ギーの作り方（以下は作りやすい分量）

①無塩バター（発酵無塩バターならなおよい）600グラムほどをホーローかステンレスの鍋に入れ、弱火で溶かす。
②弱火で熱し続けると、白い細かい泡が出てくる。ギーが濁るので、かき混ぜないこと。そのまま熱し続けると、パチパチという音がして、泡が大きくなってくる。
③パチパチという音が静まり、また白い細かい泡が出てくる。ヘラでそっと泡を寄せると、鍋底に沈殿が見える（かき混ぜないこと）。ギーが透き通って、沈殿物が薄いベージュ色になり、いいにおいがしてきたら急いで火を止める。加熱しすぎると、沈殿したものがすぐに焦げるので要注意。
④熱いうちにリードクッキングペーパー（この商品が適している）で漉すと、濁りのない薄黄色のギーができあがる。

ギーは常温で保存する。オイルケアに使用するだけでなく、便秘のとき、ホットミルクに入れて飲んでもよい。料理に使ったり、パンに塗って食べてもおいしい。鍋肌についたギーの残りカスはタンパク質。炒め物などに使うとコクがでるが、消化されにくいので少量ずつ使うこと。

3 肌ざわりのよい薄手のタオルか、浴用手袋

お風呂のなかで、体をなで洗うときに使用します。薄手のほうが使いやすいので、温泉タオルや、ガーゼなどでもよいでしょう。天然素材がおすすめです。浴用手袋を使う場合も、シルクか木綿の生成り素材がいいでしょう。浴用手袋は、インターネットなどで入手できます。

アーユルヴェーダでは、オイルケアをする前にシルクの手袋でドライマッサージをすると、オイルの浸透がよくなるだけでなく、シェイプアップ効果もあるとされています。太りすぎの人は、オイルを塗らずに、ドライマッサージをするだけにしてもいいでしょう。

4 スクラブ効果のあるパウダーやクレイ、米ぬかなど

オイルを体に塗ったあと、お湯のなかでなで洗いを行ったり、シャワーを浴びながらやさしく肌をさすったりすれば、オイルはほとんど落ちてしまいます。

それでも、どうしても気になる方は、石けんではなく、スクラブ効果のあるパ

欧米ではあたりまえ？
膣の若返りクリーム、手作りレシピ――アメリカ1

アメリカのロチェスター大学医学センター教授で、更年期障害の治療にも携わる産婦人科医ヘンリー・M・ヘス博士は、著書『The Perfect Menopause: 7Steps to the Best Time of Your Life』のなかで、以下のように述べ、膣の若返りクリームのレシピを紹介している。

――健康的なライフスタイル、水分補給、ビタミンやサプリメントの摂取など、乾燥した皮膚を整える方法の多くは、膣の乾燥にも効果がある。……自然のオイルを原料とする保湿剤は膣の乾燥に効果があるため、近年、市販されているが、自宅でも簡単にできる。自然のオイルは、症状を和らげ、細胞を活性化させ、香りが心身にエネルギーを与える。

★自宅で作れる膣の若返りクリーム（必要に応じて膣に塗布する）
スイートアーモンドオイル　60ml
ローズゼラニウムとラベンダーのエッセンシャルオイル　各6滴
ネロリのエッセンシャルオイル（高価なので入れなくてもよい）　1滴
ビタミンEオイル（液状、またはカプセルを破る）　1.5g　――

エッセンシャルオイルはもっと少なくてもいいが、たつのさんによると、ネロリはぜひ入れたほうがいいとのこと。このクリームは、仙骨（161ページ参照）部分に塗っても効果があるそうだ。かならず腕の内側などにつけて、異常がないことを確認してから使用すること。
アメリカの有名な医療ジャーナリスト、コレット・ブシェさんも、『Your Perfectly Pampered Menopause』という本のなかで、――ビタミンEまたはスキン用植物性オイルは、性的快楽の増加、および膣を快適に保つことに役立つ。これらのオイルが、膣の粘液の分泌を促すことは、いくつかのエビデンス（信頼できる根拠）によって証明されている。就寝前にオイルを膣内に入れることがすすめられる――と述べている。

ウダーやクレイ、米ぬかや米粉などを使ってオイルを落とすといいでしょう。アーユルヴェーダで使われる、薬草やバラの花びらを粉末にして作られるパウダーは、インターネットで購入することができます。

クレイは、アロマオイルやマッサージオイルを販売しているナチュラルスキンケア用品店で手に入ります。クレイの一種であるガスールなども同様です。

米ぬかは、日本人女性が長いあいだ愛用してきたスキンケア用品です。昔は、お風呂に〝ぬか袋〟は必需品。湯船のなかに入れたり、ぬか袋で肌をこすったりしていました。無農薬のお米から採った米ぬかが、自然食品店やインターネットで販売されています。

これらのなかには、スクラブ効果が強すぎる商品もあるようなので、自分に合うものを選んでください。

第5章

セルフケア 実技編

さあ、やってみよう！

まずは頭部から

アーユルヴェーダでは、オイルケアを行うのは朝がもっとも望ましいとされていますが、仕事や子育てで朝の入浴がむずかしいなら、夕方や夜でも大丈夫です。夜遅く入浴すると寝つきが悪くなるので、できれば9時前に入浴します。夕食前が理想ですが、夕食を軽めにして消化されてから入浴してもいいでしょう。

口のケアを最初に紹介するのは、朝、歯を磨いたあとに行ってほしいからです。頭は、オイルを塗って2時間以上たってから洗髪するのがベストですが、それがむずかしいなら、洗髪する20分以上前に塗っておきましょう。

耳、鼻、顔のケアは、いつ行ってもかまいません。

目のケアをすると、視界がぼやけるので、就寝前に行うのがおすすめです。

オイルケア入浴は、オイルを塗って洗うまでが、ひとつの流れです。

会陰マッサージは、オイルケア入浴の直後に行うといいでしょう。

骨盤底筋体操は、なればいつでもどこでもできるので、こまめに行いましょう。

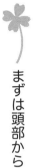

口のオイルケア

❤オイル30～50cc
セサミオイル、スイートアーモンドオイル、ターメリックオイルのいずれか
❤ティッシュ数枚

口のオイルケアは、口のなかを清潔にして歯や歯茎を丈夫にするだけでなく、口まわりのシワの予防にもなります。

舌ゴケは老廃物です。近代西洋医学でも、舌ゴケを取り除くと、口や喉のがんの原因となるアセトアルデヒドの口中濃度が下がる[※1]といわれています。ぜひ、習慣にしてください。

◎生理が始まってからの３日間、体調が思わしくないとき、口のなかに炎症があるときなどは行わないでください。

①歯を磨き、舌ゴケを取ったあとオイルを口に含み、ゆっくり転がす。喉でうがいをしてもよい。飲みこまないこと。

②10分ほどしたら、数枚のティッシュにオイルを吐き出し、ぬるま湯でうがいをする。

※１「舌表面の汚れはアセトアルデヒドの発生源」岡山大学大学院医歯薬学総合研究科

頭のオイルケア

♥オイル約20cc
セサミオイル、スイートアーモンドオイル、アーユルヴェーダのヘッド・マッサージ用オイルのいずれか

頭をオイルでマッサージすると、フケ、かゆみ、抜け毛、白髪の予防になり、視力や聴力、高血圧や頭痛、不眠も改善するとされています。膣や会陰が硬い人は、たいてい頭皮も硬くなっています。頭頂にある、女性器と関係の深い百会というツボを意識してほぐしましょう。

できるなら洗髪する2時間ほど前にオイルを塗っておきます。
◎生理が始まってからの3日間、体調が思わしくないとき、頭皮に炎症などの異常があるときは行わないでください。

①手のひらに取ったオイルを指先につけ、頭皮にオイルをすりこむ。百会のあたりはとくにていねいに。

②髪の生え際や耳のうしろもオイルでマッサージ。
③ぬるめのお湯で洗髪。シャンプー剤で頭皮を強くこすらないこと。

耳のオイルケア

❤オイル約５cc
セサミオイル、スイートアーモンドオイル、
ターメリックオイル、
アーユルヴェーダのスキン用オイルのいずれか

耳は自律神経の働きに関わる器官。アーユルヴェーダでは耳のケアも重要視しています。耳全体にオイルマッサージを行えば、自律神経の働きが改善され、脳の働きもよくなっていくでしょう。難聴の予防になるともいわれています。

◎生理が始まってからの３日間、体調が思わしくないとき、耳や鼓膜に炎症などの異常があるとき、不快感があるときは行わないでください。

①両手の指にオイルをつけ、耳の付け根・耳のうしろ・耳全体を２～３分マッサージ。耳全体を軽く引っ張ってもよい。
②小指にオイルをつけて、耳の穴にも塗る。
③気になるようなら、１時間ぐらいあとにティッシュでやさしく拭いておく。

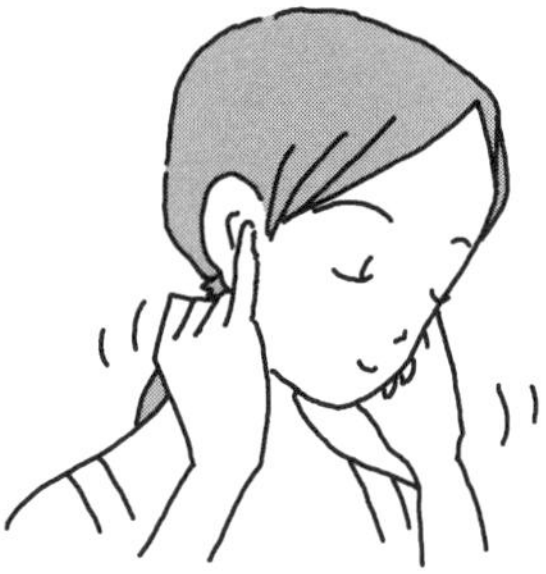

鼻のオイルケア

❤オイル約5cc
セサミオイル、スイートアーモンドオイル、
ターメリックオイル、ギー、
アーユルヴェーダのスキン用オイルのいずれか
❤綿棒（なくてもよい）

鼻は脳の視床下部に近く、女性器とも深い関係があります。自律神経やホルモンバランスが不安定な人は、毎日、行いましょう。鼻をケアすると脳の働きが活性化され、視覚や聴覚にもよい影響を与えます。偏頭痛のときはギーを、花粉症にはターメリックオイルがおすすめです。

最初は鼻水が出たりしますが、次第に落ち着いてきます。

◎生理が始まってからの3日間、体調が思わしくないとき、鼻に炎症などの異常があるときは行わないでください。

①綿棒にオイルをたっぷりつけて、鼻の穴のなかに塗る。指で行ってもよい。

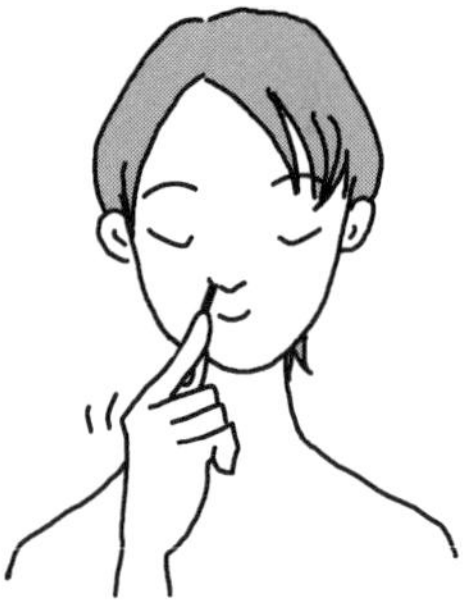

②両方の鼻の穴にオイルを塗ったら、頭を大きく後ろにそらせて鼻の奥までオイルを浸透させる。口のなかにオイルがたれてきたら吐き出す。

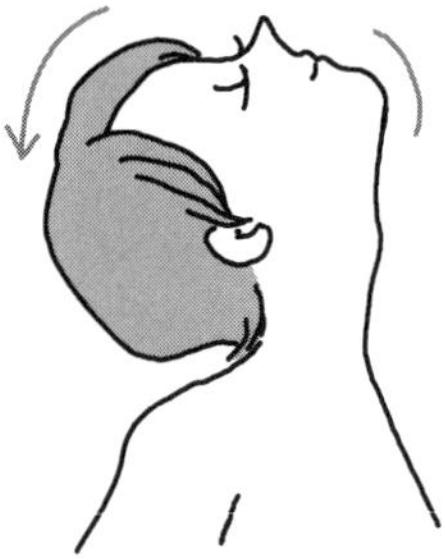

顔のオイルケア

❤オイル約10cc
セサミオイル、スイートアーモンドオイル、
アーユルヴェーダのスキン用オイルのいずれか

顔をオイルでケアすると、皮膚に張りが出て色つやがよくなり、化粧のノリもよくなります。オイルにはクレンジング効果もあるので、毛穴の汚れなどもきれいになるでしょう。

汗や化粧が気になるときは、オイルを塗る前に軽く洗い流してください。
◎生理が始まってからの３日間、体調が思わしくないとき、顔の肌に炎症などの異常があるときは行わないでください。

①顔の中心から外側へ、顔全体にやさしくオイルを伸ばしていく。
②あごのラインは、耳に向かってやさしくなであげるようにして塗る。
③気になる場合は、ぬるま湯で洗い流す。

目のオイルケア

♥ギー
コットンを使う場合は約20cc。目に入れる場合は約3cc
♥5cm×7cmほどの清潔なコットン2枚あるいは清潔な綿棒

ギーには冷やす働きがあるため、目の疲れが取れ、寝つきがよくなり、視力や記憶力を高めるとされています。

清潔なギー、清潔なコットンや綿棒、清潔な手や指で行ってください。ギーが固まっていたら、湯煎して人肌程度にあたためます。

ギーを目に入れると視界がぼやけるので、しばらく運転はしないでください。夜、寝る前に行うといいでしょう。
◎生理が始まってからの3日間、体調が思わしくないとき、目に異常があるときは行わないでください。

▼コットンを使用する場合

枕の上にタオルを敷いて目を閉じ、ギーを染みこませたコットンを10分以上、まぶたの上に置く。

▼目のなかにギーを入れる場合

綿棒につけたギーを下まぶたの内側に落としこみ、そのまましばらく目を閉じておく。

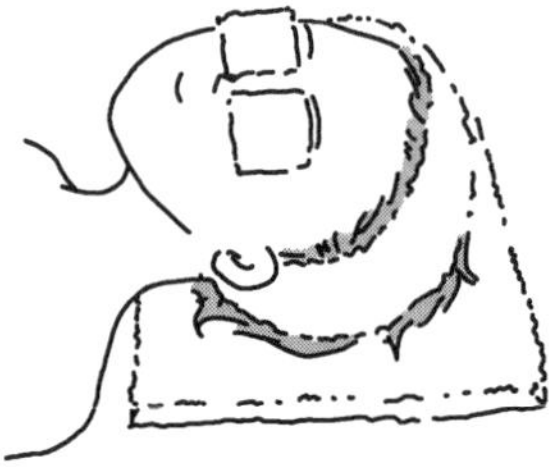

オイルケア入浴（全身のオイルケア）

さて、今度は全身にオイルを塗っていきましょう。

浴室の洗い場で行うのが、もっとも手軽です。浴室が寒いときは、お風呂のフタをしばらく開けておく、シャワーをしばらく出しておくなどして、浴室をあたためておきます。体を冷やさないことが大切です。

オイルが冷たいようなら、湯煎であたためるか、オイルを塗るとき、手のひらに取ったオイルを両手でこすり合わせ、摩擦熱であたためてください。

オイルは体を洗う前に塗りますが、汚れや化粧が気になるならシャワーで軽く汚れを洗い流し、寒いようなら体をさっと拭いてから塗ってください。外性器はお湯で流すだけでも十分ですが、気になるなら専用の洗浄剤を使ってください。

手のひらにオイルをつけ、両手でオイルを塗っていきます。石けんやボディシャンプーの代わりに、オイルを使うイメージです。オイルが足りなくなったら、手のひらにオイルを足しながら塗っていきます。

年齢や体質、肌質などによってオイルの浸透度やのびは違いますが、肌がベタベタ・ギトギトになるほど塗る必要はありません。オイルで、ちょっと肌がしっとりしているかな、という程度。うっすら塗れば十分です。

オイルは、やさしく、なでる感じで塗ってください。肌トラブルがある部分に塗るときは、オイルを肌のうえに置く感じにします。

ここでは一応、全身にオイルを塗る方法を説明しますが、時間がないときは、気になるところに塗るだけでもいいでしょう。

けれども、下腹部や腰まわり、足にはぜひ塗ってください。下半身にオイルを塗って入浴することで、骨盤内があたたまり、うるおって、やわらかくなるからです。無理なくできるなら、この段階で膣のなかにもオイルを塗っておきます。

オイルを完璧に塗ることより、手抜きをしながらでも、できるだけ毎日、継続して行ったほうが効果的です。オイルを塗る順番も、本書であげた順番を守る必要はありません。自分の好きな順番で塗ってください。

時間があるときは、マッサージしながらゆっくり全身に塗りましょう。気・血・水の流れがよくなり、細胞の再生が促進され、若返り効果がアップします。

どんなときでも、オイルは、自分の体を愛おしみながら塗ってください。オイルを落とすのは、体をあたためてからということを忘れないでください。

◎注意事項……オイルケア入浴は、生理が始まってからの3日間や、体調が思わしくないとき、食後すぐには行わないでください。妊娠している人は、かならず専門家の指導の元で行ってください。

◎自分の裸をチェック！

お尻の割れ目が始まるあたりに黒ずみがあるなら、ホルモンのバランスが悪くなっている可能性がある。

椅子に座るときに当たるお尻の骨（坐骨結節）付近は、夜更かしや寝不足が続くと、すぐに黒ずんでくるが、意識してマッサージすると、黒ずみは取れてくる。

お尻や股間が黒ずんでいる人は、顔色もくすんでいることが多い。顔にいろいろ塗るよりも、黒ずみの改善を目指したほうが、顔の色つやは早くよくなるはず。

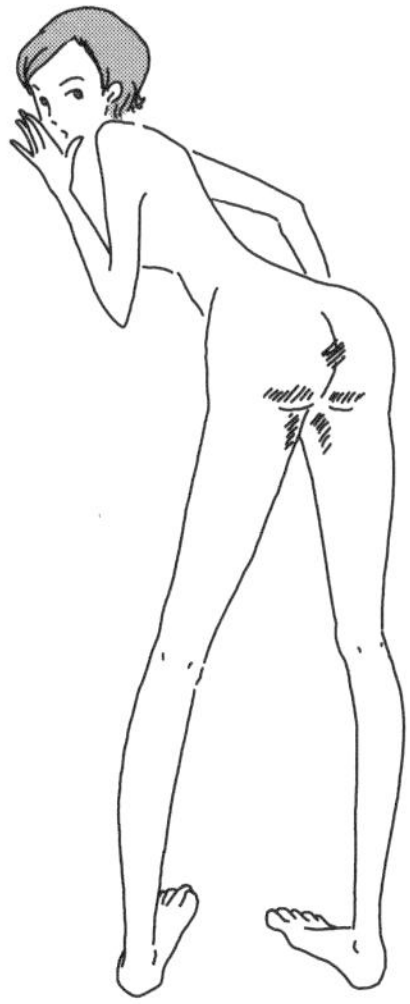

全身のオイルケア

❤オイル約50cc
セサミオイル、スイートアーモンドオイル、
アーユルヴェーダのスキン用オイルのいずれか。
足には、あるならマスタードオイル約10cc
❤フットカバー（ベリーショートソックス）

オイルは湯煎か、オイルがついた両手を擦りあわせて摩擦熱であたためるかしてください。ベタベタになるほど塗る必要はありませんが、オイルが足りなくなったら途中で足してください。

1 お腹まわり

お臍を中心にして、腸に沿って時計回りで円を描くようにしてオイルを塗っていく。下腹部（子宮や卵巣があるあたり）や、恥骨部分には、オイルをたっぷりすりこむ。

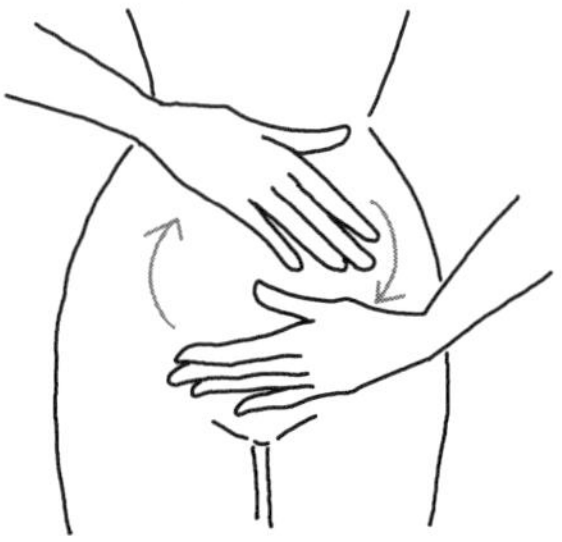

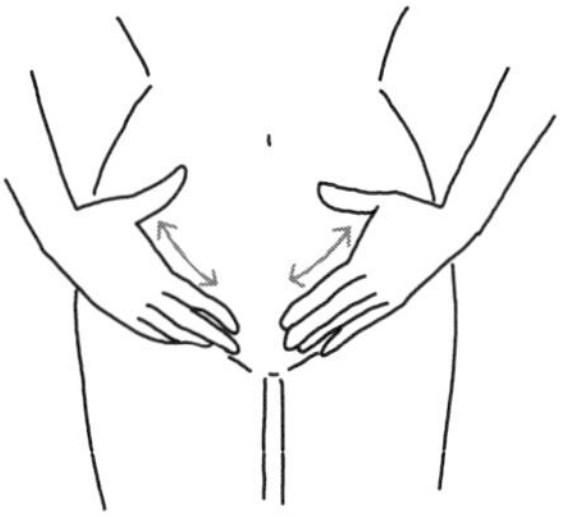

2 乳房と脇の下

脇腹から乳房まで、手のひらでなで上げるようにしてオイルを塗る。乳房は両手で寄せて上げながら塗る。

脇の下から乳房につながるところは、しこりができやすいので、十分になでておくとよい。

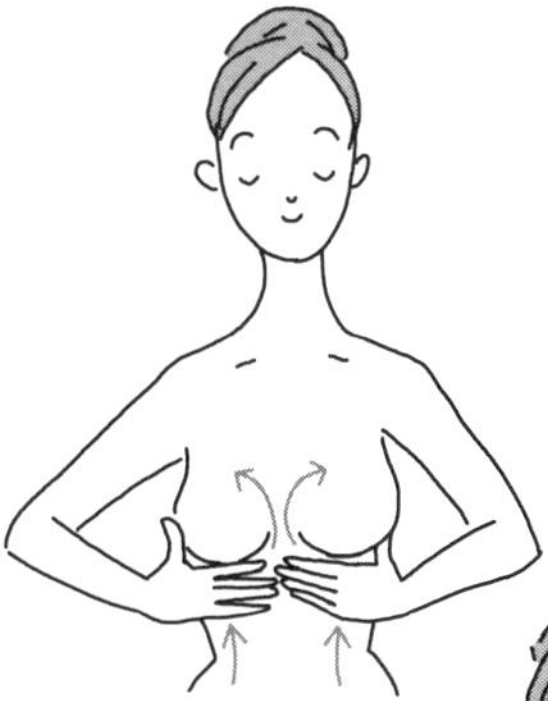

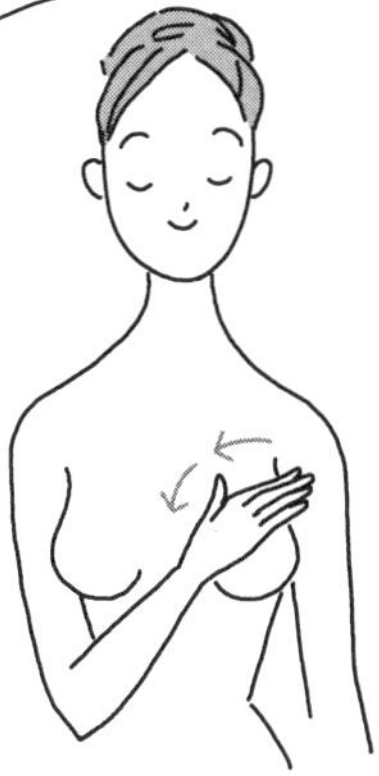

3 脇の下と腕

脇の下から指先に向かって、腕の内側にオイルを塗っていく。

指先まで塗ったら手の甲に塗り、今度は逆の流れで、腕の外側を肩まで塗っていく。両腕とも行う。

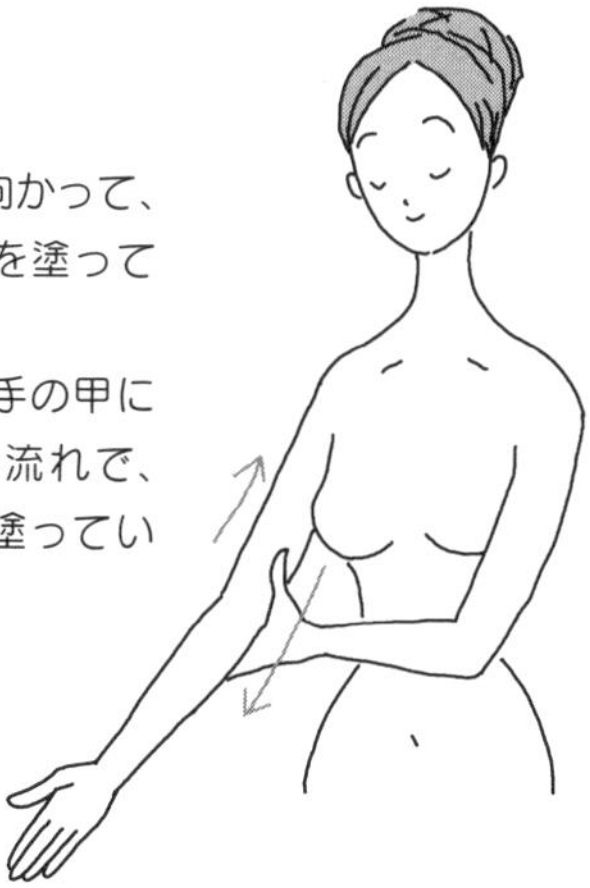

4 耳と首筋

顎の下から耳の付け根に向かってオイルを伸ばす。

耳の付け根を指で挟み、耳の後ろから首の付け根まで、首筋に沿ってとくにていねいにオイルを塗っていく。

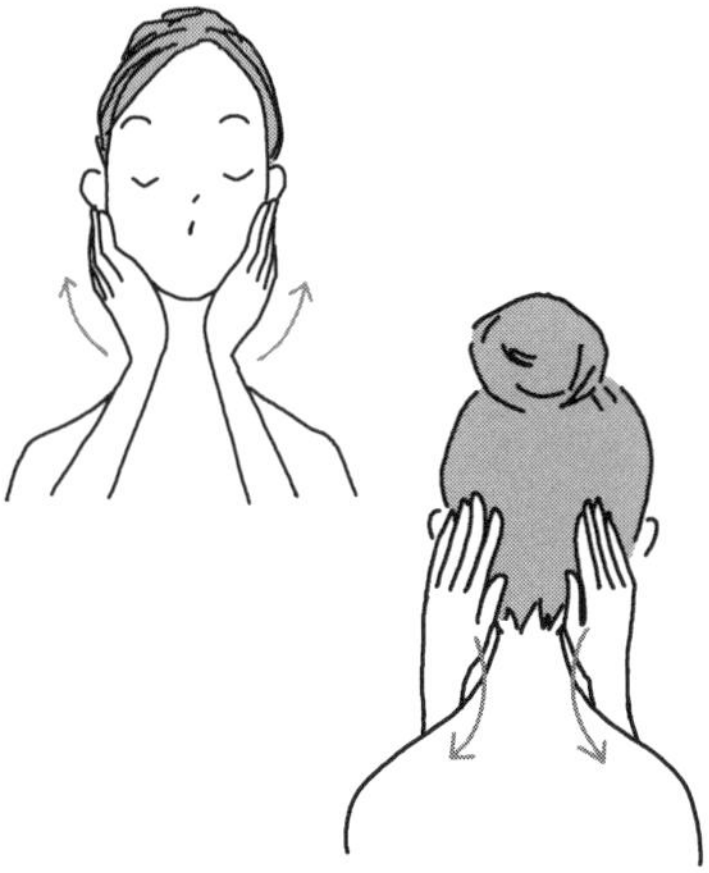

5 肩と鎖骨

肩から鎖骨に向かってオイルを塗りこむ。

鎖骨の上のくぼみにはリンパ節があるので、腕や耳の下から集めてきたリンパ液を、そのくぼみに流すイメージで、左右両方行う。

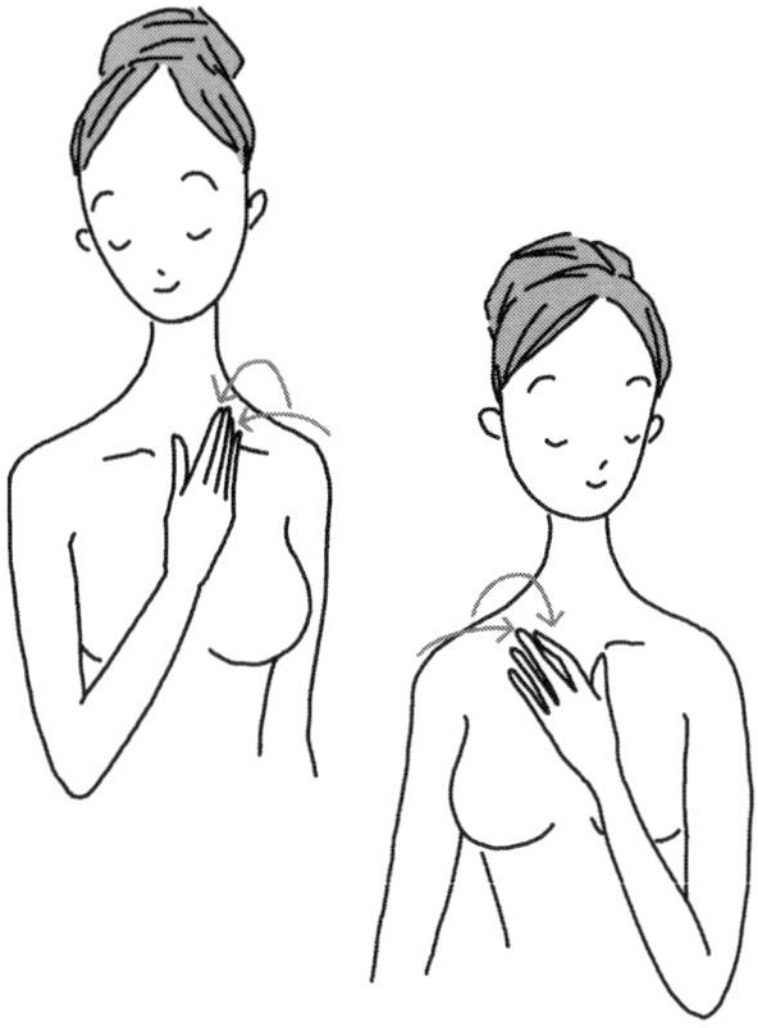

6 背中、お尻、足の付け根

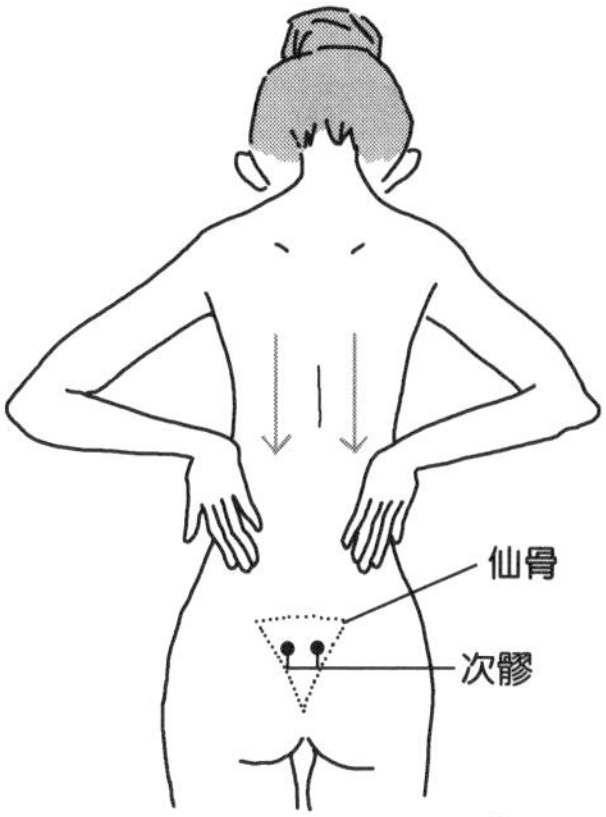

背中の肩甲骨の下から、背中をなで下ろすようにしてオイルを塗っていく。
背骨と骨盤がつながるあたりにある仙骨の両脇には、生理痛や冷え症に効く次《じ》髎《りょう》というツボがあるので、お尻の割れ目あたりまで、とくに意識してオイルを塗りこむ。
お尻と太ももの境目にある骨(坐骨結節)のあたりにも、オイルを十分に塗りこむ。

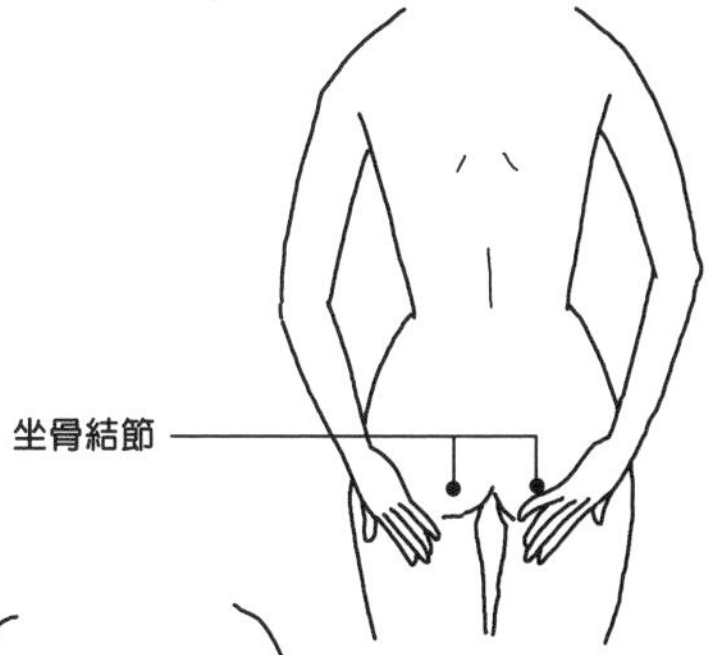

7 足の付け根

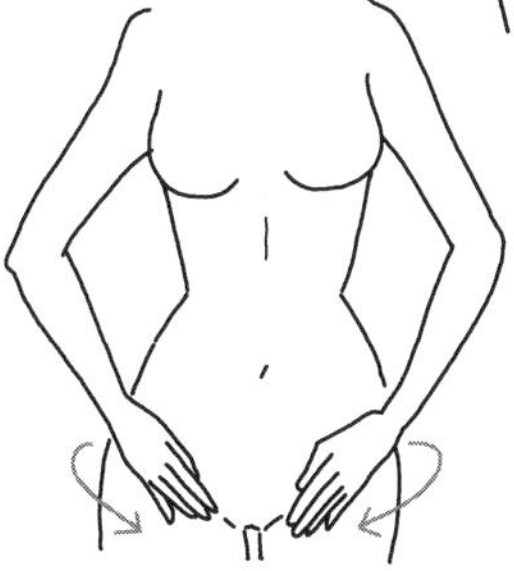

恥骨の両脇から、足の付け根(パンティライン)に沿って、体の前後に、ぐるりとオイルを塗りこむ。

8 外性器と肛門付近

オイルがついた手を、股間にフタをする感じで当て、やさしく動かしてオイルを塗る。可能なら膣のなかにも塗る。便秘や痔の人は、肛門まわりや、尾骨の脇にある会陽《えよう》というツボの周辺を意識して塗る。

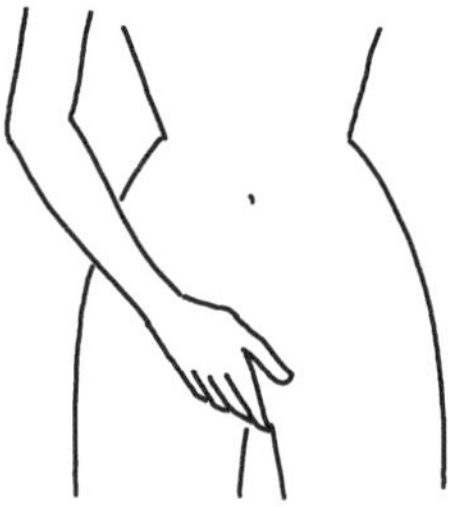

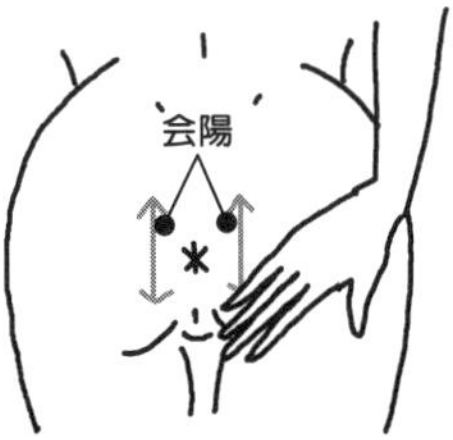

9 太ももと膝

太ももの付け根（パンティライン）から膝まで、前側と後ろ側にオイルを塗りこむ。
膝が乾燥しているなら、膝を包むようにして塗る。
膝の下には、足三里《あしさんり》という消化を助けるツボがある。

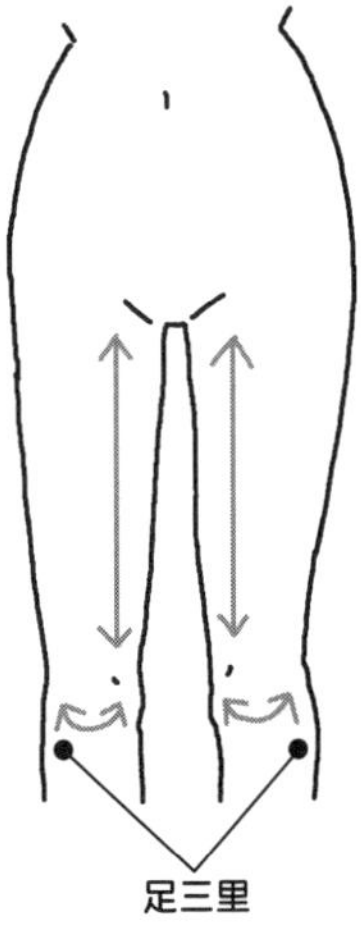

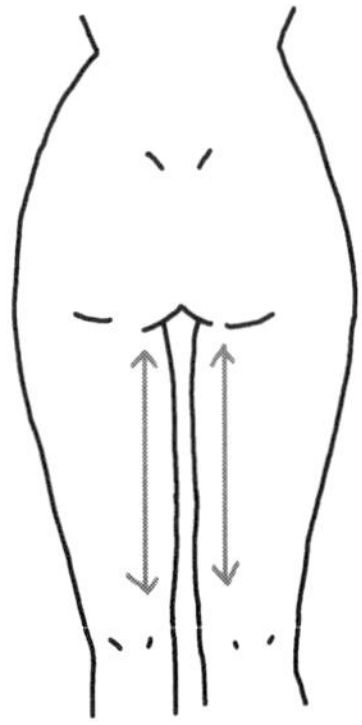

10 ふくらはぎとすね

ふくらはぎと、すねにオイルを塗る。

すねの内側には子宮につながる経絡《けいらく》（東洋医学でいう気・血・水の通り道）があり、女性の不調に効くとされる三陰交《さんいんこう》というツボもあるので、とくにていねいに塗る。

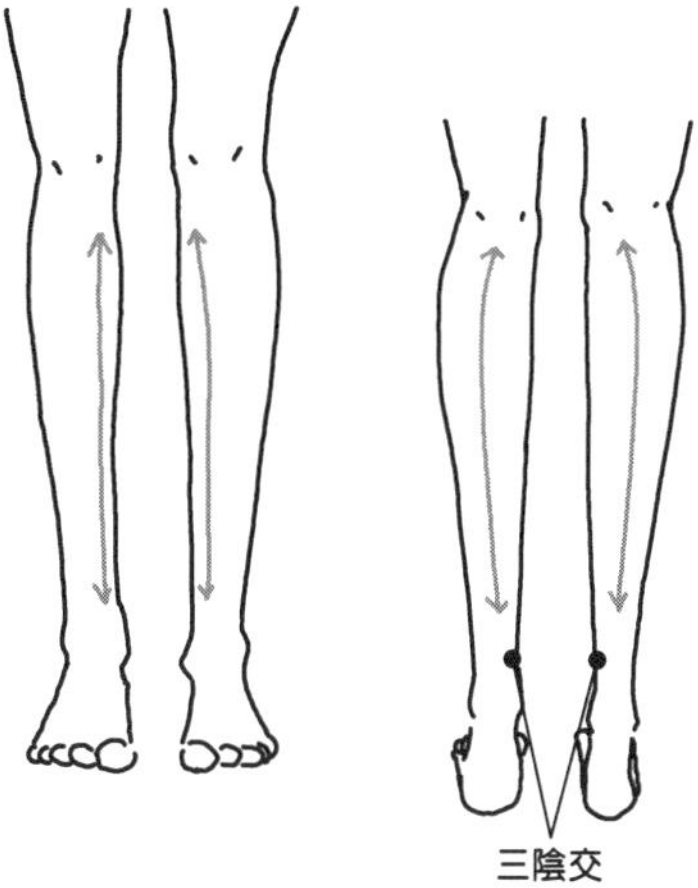

11 足

足にオイルを塗ると、冷え症の改善に絶大な効果がある。

内くるぶしには照海《しょうかい》という女性器と関係するツボがあり、足の裏には、冷え症や不眠、目の疲れなどに効果があるとされる湧泉《ゆうせん》というツボがあるので、それらを意識して塗るとよい。マスタードオイルを使うと、さらに効果的。

足にオイルを塗るとすべりやすくなるので、塗ったらすぐにフットカバーを履いておく。

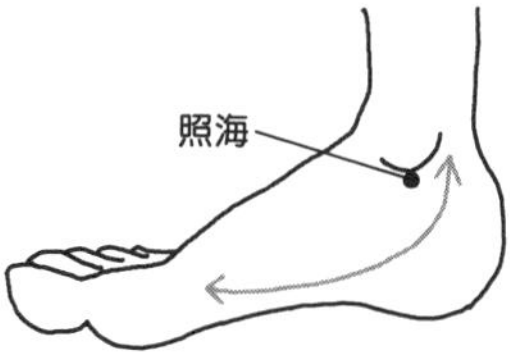

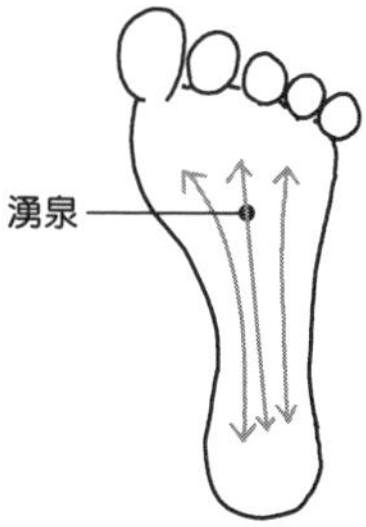

以上で、全身にオイルを塗ったことになります。時間があるなら、バスローブなどを羽織って10分ぐらい、フットカバーを脱いで足湯をするといいでしょう。時間がないときは、フットカバーを履いたまま湯船に入り、あたたかいお湯につかってください。

湯船に入る時間がないときは、効果は薄れますが、シャワーで体をあたためながら、ゆっくりオイルを洗い流してもいいでしょう。

お湯を汚したくないけれど、体はしっかりあたためたいという方は、頭、耳、鼻、顔にオイルを塗ったら湯船に入り、湯船から出たあと、全身にオイルを塗り、シャワーでオイルを洗い流したあと、もう一度、湯船に入ってもいいでしょう。

それぞれ事情はあるでしょうが、オイルを塗って湯船に入ったほうが、はるかに効果があるので、冷え症の方や、女性器にトラブルがある方は、オイルを塗ったら、ぜひ、そのまま湯船に入ってあたたまるようにしてください。

オイルを塗ったままにしておくと湿疹が出たりすることもあるので、どんな場合でも、オイルは必ずお湯で洗い流しましょう。完全に落とす必要はありません。お湯で洗い流せば大丈夫です。

◎家族みんなでオイルケア

インドでは、女性だけでなく男性も、さらには、幼い子ども、乳児にも、日常的にオイルケアを行っている。

小さな子どもにオイルを塗るときは、両手にオイルをつけ、子どもの胸と背中を両手で挟むようにしてオイルを塗り、あとは両方のふくらはぎにざっと塗ってあげれば、それだけで十分。

子どもは新陳代謝がいいので、オイルをつけると、大人以上に皮脂汚れがよく落ちる。乾燥肌の子どもに行えば、お風呂上がりに保湿剤を塗るより肌がしっとりして、湯冷めもしにくくなる。

男性の尿もれや便秘、性欲減退にも、オイルケア入浴や外性器のマッサージ、骨盤底筋体操はよい効果をもたらす。男性が骨盤底筋体操をするときは、肛門や睾丸を引き上げるようにする。

最近は、骨盤底筋体操を男性にもすすめる医師が増えてきて、インターネットなどで、やり方が紹介されている。

オイルケア入浴（なで洗い）

オイルを全身に塗りこんだら、つぎは湯船のなかでの〝なで洗い〟です。

お湯の温度は、自分が気持ちよいと思う温度でかまいませんが、朝は夜より、お湯の温度を1度ぐらいあげるといいでしょう。

湯船に入ったら、まずは顎の下まで、しっかりお湯につかります。最近は、首や肩が冷えている人が増えています。首や肩にはリンパが密集しているので、ぜひ、ちゃんとあたためてください。

体をあたためながら、腹式呼吸で深呼吸をします。鼻から息を吸いこんでお腹を膨らませたら、今度は、お腹のなかにある空気をすべて出し切る感じで、口からゆっくり息を最後まで吐き切りましょう。このとき、できれば、小周天《しょうしゅうてん》を意識するといいでしょう。小周天についてはコラムを参照してください。

深呼吸を何回かしたら、湯船のなかで薄手のタオルか、浴用手袋を使い、ゆっくり体をなで洗っていきます。けれども、絶対に強くこすらないでください。ふんわり、やさしくなでるだけ。敏感肌の人は肌の上にタオルを置く感じにします。こすらなくても、お湯の力で毛穴が開き、汚れは自然に落ちていきます。

◎注意事項……オイルを塗っての〝なで洗い〟は、生理が始まってからの3日間や、体調が思わしくないときは行わないでください。妊娠している人は、かならず専門家の指導の元で行ってください。

◎小周天

気功では、体の前面中心を流れる「任脈《にんみゃく》」と、体の背面中心を流れる「督脈《とくみゃく》」という気の通り道があるとされ、この通り道のことを小周天といい、それに沿って気を回すと健康によいとされている。

気は、あるものと考えていると次第に感じられるようになる。お臍の下、3寸（5～9センチ）のところにある丹田《たんでん》に気を集め、その気を会陰に下ろし、会陰から背骨に沿って百会まで、ゆっくりあげていく。そのまま今度は、百会から上あご（舌は上あごの内側に付けておく）、胸の中心、お臍を通って会陰まで、ゆっくり気を下げていく。

ゆっくり何回か行う。呼吸はゆっくり深く行う。

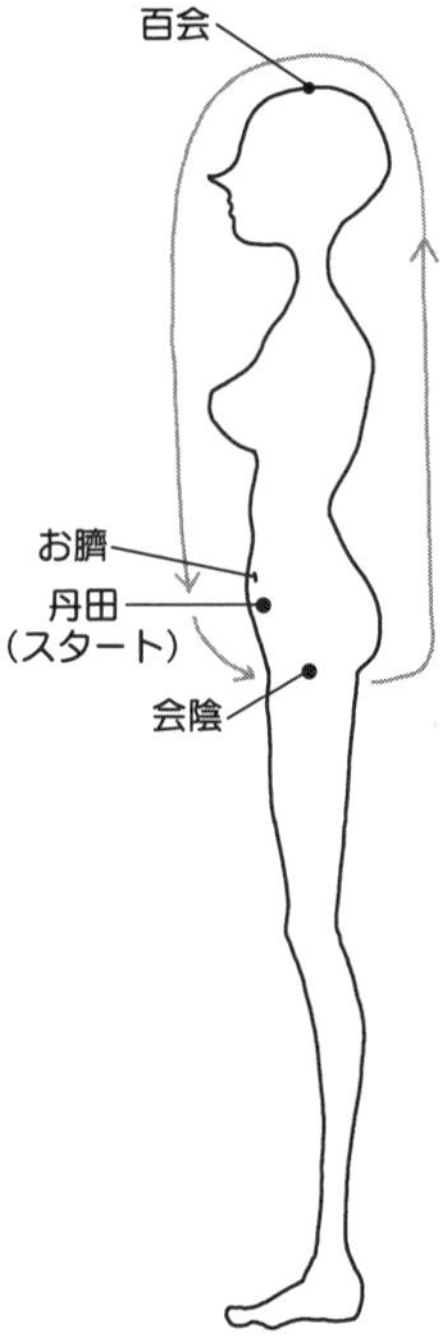

なで洗い　♥薄手のタオルか、浴用手袋

なで洗いにかける時間は、短くても5分以上。鼻の頭にうっすら汗をかくまで、体をあたためてください。

以降で紹介する順番にこだわる必要はありません。好きな順番でやさしくなで洗い、リラックスすることが大切です。

1 顔

お湯を含ませたタオルを顔に軽く押し当てる。なでたり、こすったりしない。

目が疲れているときは、タオルを上まぶたに載せ、タオルの上から眉の周囲を軽く指圧する。

2 首筋と耳、腕や指先

タオルで耳の付け根や後頭部をやさしくなで洗う。

脳の血流がよくなるとされるので、耳はタオルでおおってあたためる。

腕も、指先までなで洗う。

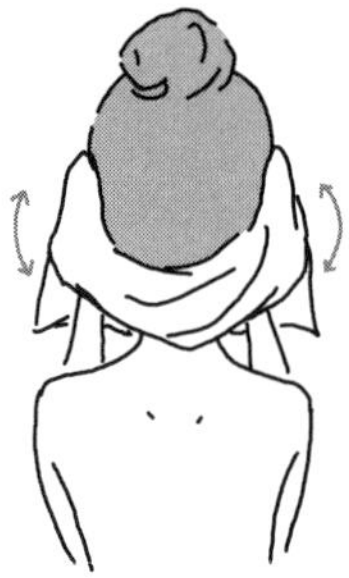

3 脇腹、背中、尾骨

タオルで、やさしく脇腹や背中をなで洗う。
次髎というツボがある仙骨のあたりは、タオルの上からやさしく押すとよい。
お尻の割れ目がはじまるあたりも、やさしくマッサージする。

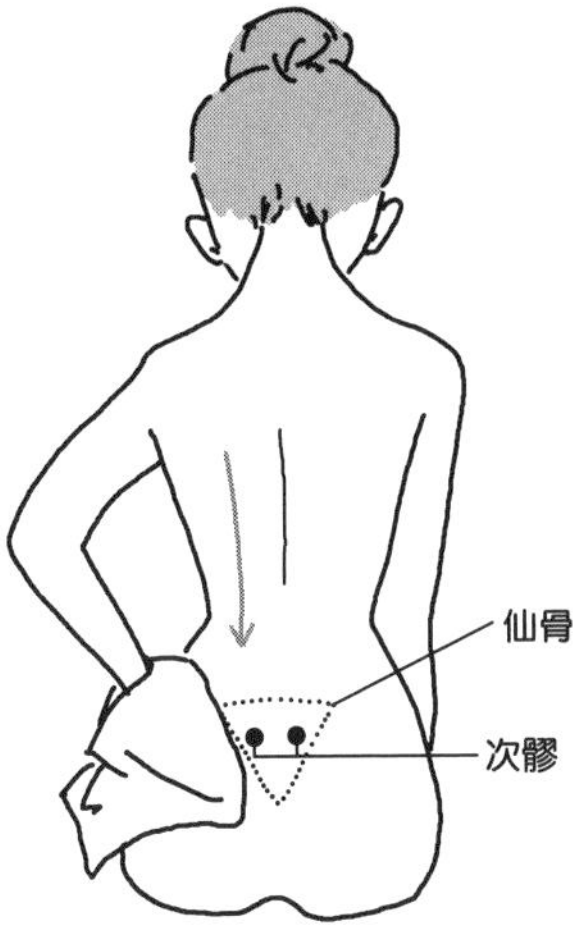

4 お腹まわり

タオルをお腹に当て、お臍を中心にして、右の下腹部から腸に沿って時計回りにタオルを動かしていく。

下腹部に硬い部分があるなら、痛くない程度に圧をかけながらマッサージしてもよい。

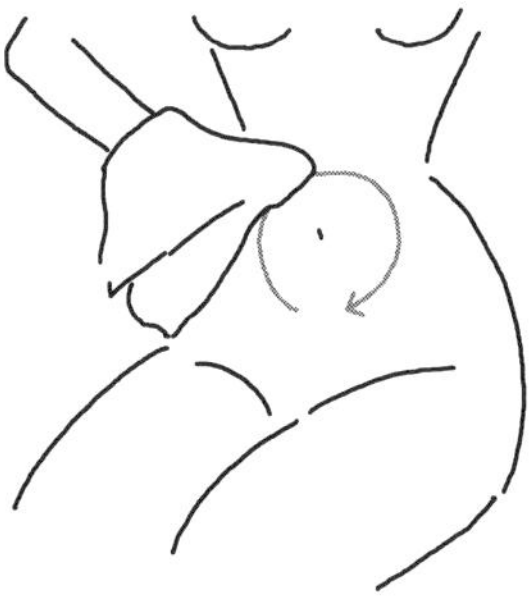

5 お腹からリンパへ

お臍の下にタオルを当て、そのままタオルを持ちあげていって両方の乳房をなであげ、さらに鎖骨の下までタオルを持っていく。

腹部や胸部に溜まった老廃物を首下に集め、リンパに流すイメージで行う。

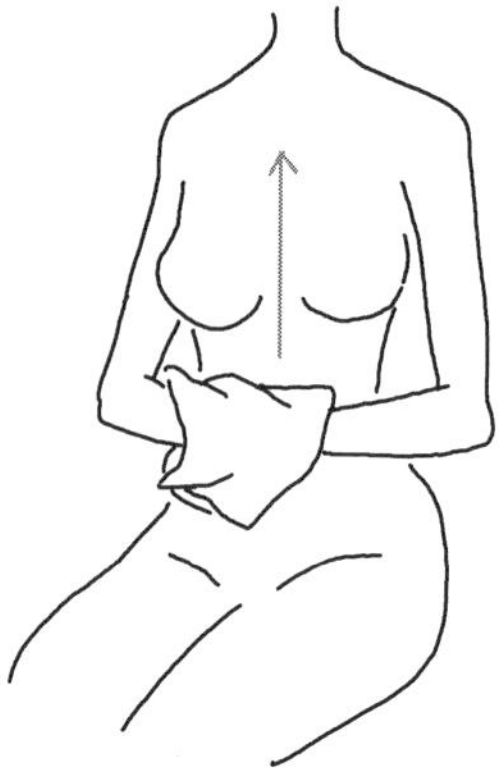

6 自由になで洗う

腹式呼吸をしながら、手が動くまま、気持ちよいと感じる部分を自由にタオルでなでまわす。

女性である自分をいつくしみながら行う。

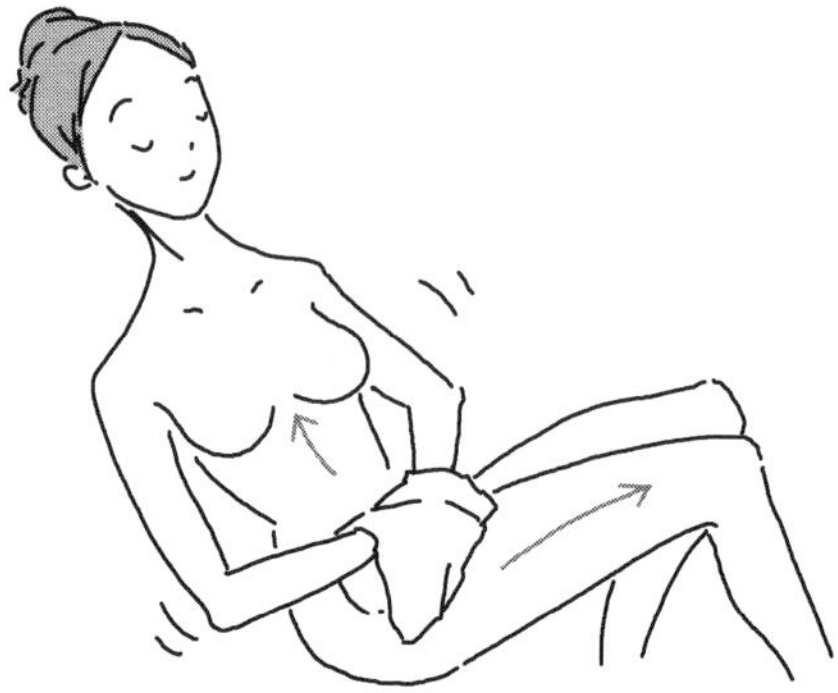

7 足の付け根

太もものつけ根（パンティライン）を、やさしく、ぐるりとなで洗う。

お尻と太ももの境目にある骨（坐骨結節）のあたりは、筋肉をほぐすような気持ちで行う。

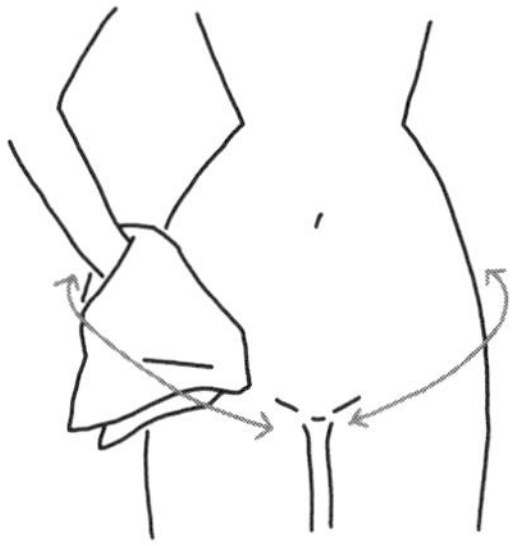

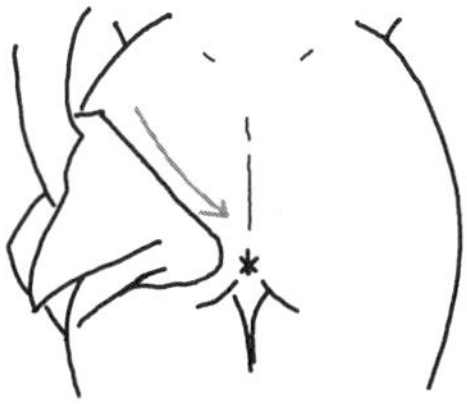

8 肛門とそのまわり

便秘や痔の人は、肛門括約筋やその周囲の筋肉が硬くなっていることが多いので、タオルを当て、やさしく、ていねいにマッサージする。

会陽というツボは、後ろから手を回してマッサージするとよい。

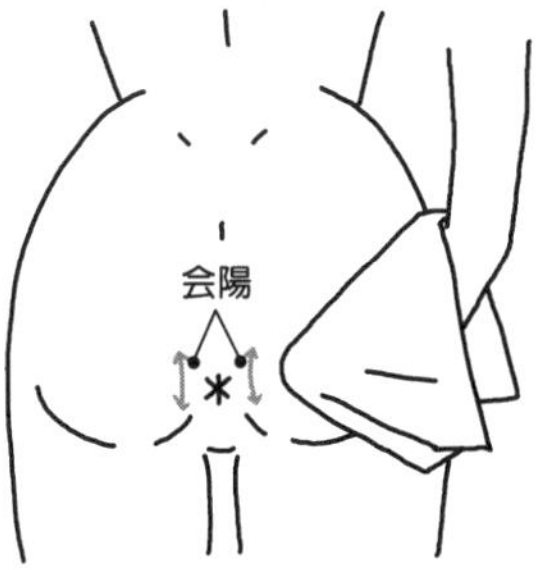

9 太ももとすね

太ももの内側や後ろ側、膝の裏、ふくらはぎをやさしくなで洗う。

すねの内側にある三陰交というツボを押して痛みを感じたら、タオルの上から軽く押しながらもみほぐしておく。

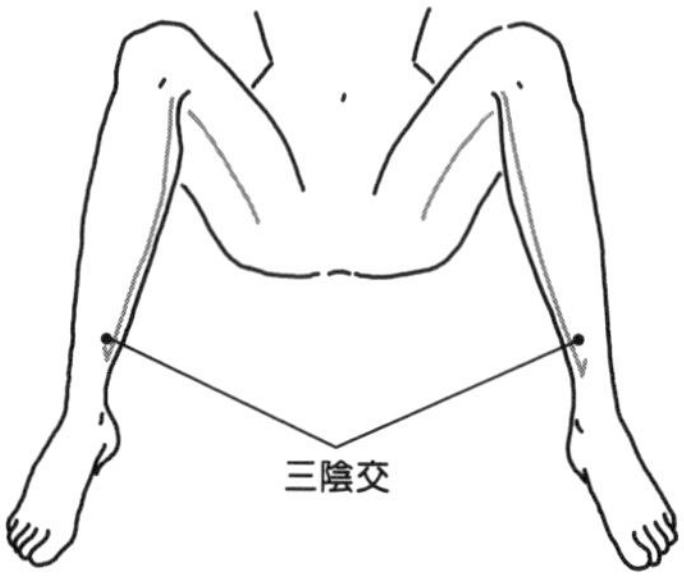

10 足

足をタオルで包むようにしてつかみ、かかと、くるぶし、足の甲、足の裏をほぐしていく。

内くるぶしの下にある照海や、足の裏の湧泉というツボは、とくに意識してほぐすとよい。

指のあいだ、足指の一本一本、爪の生え際も、血流を促すように軽くもんでおく。

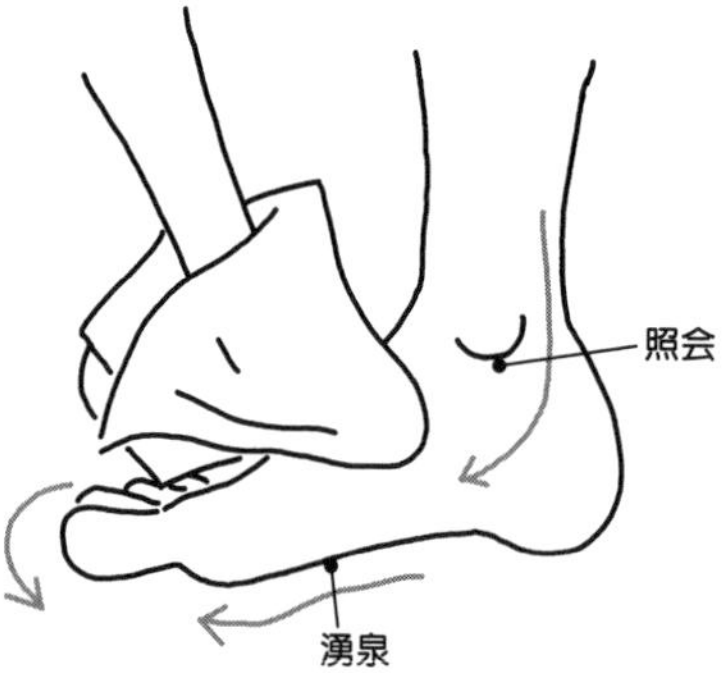

11 乳房

タオルを体の上ですべらせながら、ももの内側、恥骨の上、さらにそのまま乳房の上まで持ちあげていく。

乳房の上にタオルを広げて置き、上から手をあてて乳房をやさしくなでまわす。

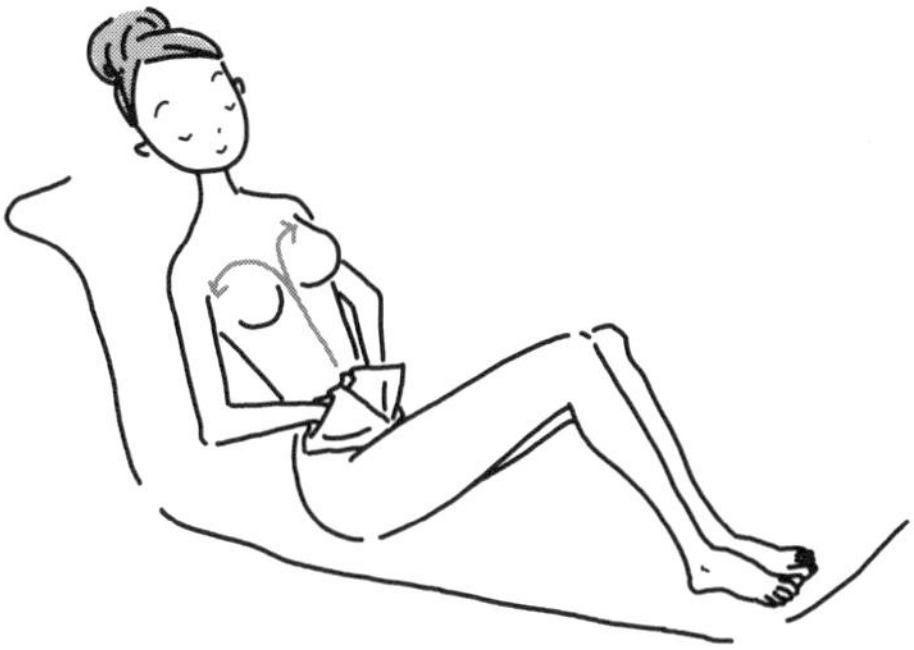

12 全身

湯船のなかで両足を揃え、膝を左右に倒したり、ドラゴンのように体をくねらせたりする。

このときも、なでたいところがあればタオルで自由になでまわす。

以上で〝なで洗い〟は終わりです。

鼻の頭に、うっすらと汗をかいていると思います。

湯船のなかで体をなで洗うと、余分なオイルは皮脂汚れなどと一緒に取れてしまうので、お湯からあがったら、シャワーで洗い流すだけで十分です。

皮脂が多くて吹き出物が出やすい方、オイルが気になるという方は、スクラブ効果のあるパウダーやクレイ、米ぬかなどを使って洗ってください。石けんを使用する場合は、極少量をよく泡立て、その泡でさっと肌をなでるようにします。

石けんでオイルを完全に落とそうとすると、かえって肌が乾燥してしまいます。オイルが肌に残って、少ししっとりしているぐらいの状態にしてください。

髪は、シャンプー剤で洗ってもかまいませんが、パウダーかクレイなどを使って洗ってもいいでしょう。一般的なシャンプー剤は洗浄力が強いので、洗い流すとき、シャンプー剤が体にかからないようにしましょう。

体や頭を洗っているうちに体が冷えたなら、もう一度、湯船に入ってあたたまり、最後にシャワーを浴びて、オイルケア入浴は完了です。

体があたたかいうちに、続けて会陰マッサージを行いましょう。

◎お風呂掃除とお洗濯

オイルケア入浴後のお風呂掃除の一番のコツは、お湯が冷める前にお湯を落としてしまうこと。

市販の入浴剤でも使われ、美白効果やオイルを分解する作用もあるとされる重曹を入れて入浴すれば、バスタブの汚れの軽減になるので、以下でその手順を紹介する。

1 お湯のなかに、重曹を大さじ３～４杯入れて入浴する。
2 バスタブのなかのお湯が温かいうちに、重曹が入ったお湯でバスタブの内側をざっとこすって、お湯を流し捨てる。
3 温かいシャワーで、バスタブをざっと洗い流す。

排水口が汚れたときは、重曹２、クエン酸１の割合で混ぜて排水口にふりかけ､お湯を少しかけると炭酸ガスが発生して汚れが浮き上がるので、30分ほど放置してから、ブラシでこすってお湯で洗い流す。

洗面器などは、研磨剤にもなる重曹を粉のままふりかけてこするか、セスキ炭酸ソーダ小さじ１杯を500ミリリットルの水に溶かしたものをスプレーして、こすり落とすとよい。このスプレーは、浴室の壁などの掃除にも使える。

水のなかからカルシウムなどの硬度成分を除去する軟水器を取り付けると、お湯が肌にやさしい軟水になるだけでなく、オイルケア入浴をしても、お風呂場全体にほとんど汚れが付かなくなる。すでに付いている汚れも自然に落ちるので、お風呂場の掃除はほとんど不要となる。

オイルがついたタオルなどは、オイルをきちんと落とさないと、オイルが酸化したイヤな臭いがするようになるので、洗濯機に30リットルほどのお湯をため、セスキ炭酸ソーダを大さじ２杯入れ、２時間ほどつけ置いてから、洗剤を入れて洗濯。太陽光に当てて完全に乾かす。

肌が弱い人は、お風呂に入れる重曹は少なめに、セスキ炭酸ソーダを使用するときは手袋を使うとよい。

会陰マッサージ

さあ、それでは、いよいよ会陰マッサージです。

お風呂からあがったら、体があたたかいうちに始めます。

人目を気にせずに行える場所がないなら、浴室で行いましょう。オイルがこぼれても大丈夫ですし、体があたたまっているうちに始められるので便利です。

お風呂からあがったら、体が冷えないように、タオルなどでさっと体についた水分を拭き取り、バスローブかバスタオルを羽織ってください。

リラックスできて、体に余分な力を入れなくても股間に簡単に手が届く体勢になります。いくつか参考になる体勢を下で示しましたが、楽な体勢であれば、ど

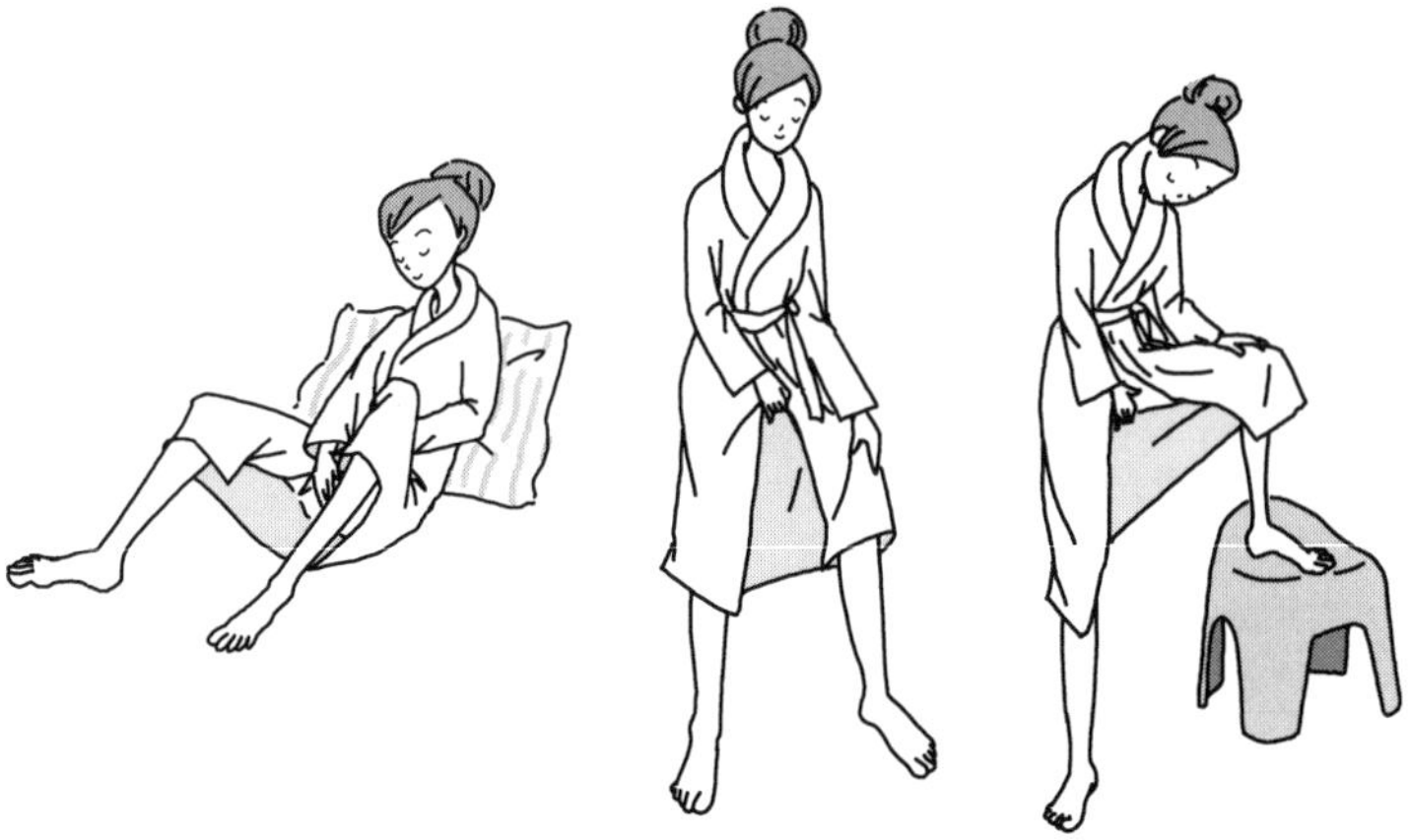

んな体勢でもかまいません。なにかに寄りかかると、さらに体が安定します。部屋で行うときは、お尻の下にタオルなどを敷いてください。

緊張する人は、照明を暗くしたり、アロマのキャンドルをつけたりして、できるだけ気持ちをリラックスさせましょう。

自分にとって楽な体勢で落ち着いたら、会陰マッサージをはじめます。

以下では、会陰マッサージのやり方を、細かくていねいに紹介していますが、時間がないときや、不快感や痛みがあるときは、外性器にオイルを塗るだけでも十分と考え、1～2分で終わらせましょう。

時間があるときは、ゆっくり時間をかけて行い、膣のなかの状態を指で確認したり、骨盤底筋体操を行ったりして、自分の体とじっくり向き合ってください。自分の体を知ることで、トラブルを予防・改善することができます。

◎注意事項……会陰マッサージは、生理が始まってからの3日間や、体調が思わしくないときは行わないでください。清潔を保ち、無理をせず、痛みがあったら中止します。異常がある場合は、すぐに病院で相談してください。妊娠している人は、かならず専門家の指導の元で行ってください。妊娠を希望している人は、念のため、排卵日前後はオイルなどの使用を避けたほうがいいでしょう。

会陰マッサージ

❤オイル約20cc
セサミオイル、スイートアーモンドオイル、
アーユルヴェーダのスキン用オイルのいずれか
❤バスタオルなど

女性器を傷つけないよう、爪は切っておきます。どんなときも、絶対に無理はしないこと。痛みや不快感があるときは、外性器にオイルを塗るだけにして、また次回ということにしましょう。

●外性器のマッサージ

1 大陰唇《だいいんしん》

オイルを手のひらに取り、利き手の親指・人差し指・中指にオイルをたっぷりつける。
オイルをつけた指を大陰唇の上にあて、全体を覆うようにしてオイルを塗る。
硬い部分があれば、やさしくほぐしたり押したりする。
マッサージを行っている途中でオイルが不足したら、指先にオイルをつけ直す。

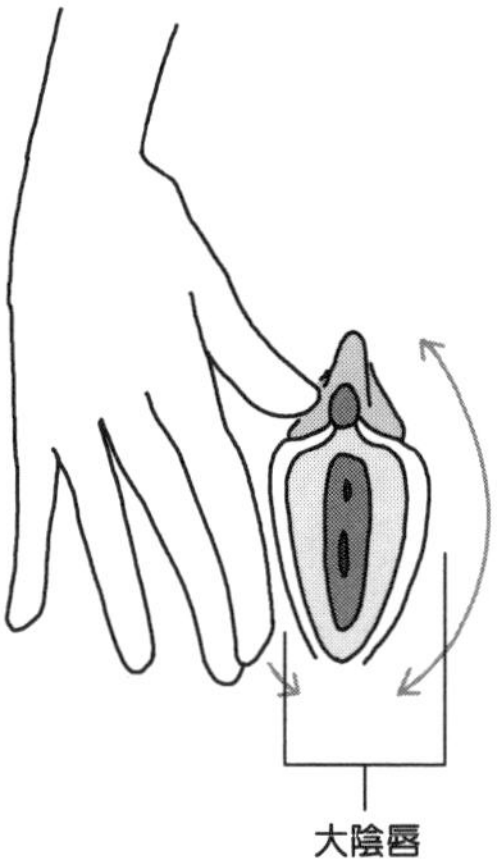

2 小陰唇《しょういんしん》

花びらのようになっている小陰唇を、指でつまむようにしてオイルを塗りこむ。圧を加えたいときは、やさしくつねるようにする。

オイルをたっぷりつけた指を小陰唇の内側に入れ、やさしくゆっくりなでさすり、膣口周辺の粘膜にもオイルを塗る。

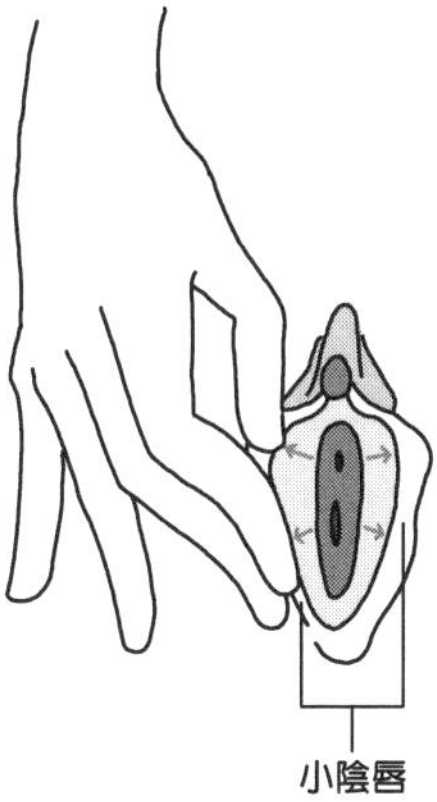

3 会陰《えいん》

オイルをつけた指で、会陰をやさしくなでたり、押したりしながらオイルをつけていく。

出産予定がある人、痔がある人は、とくにていねいに行う。

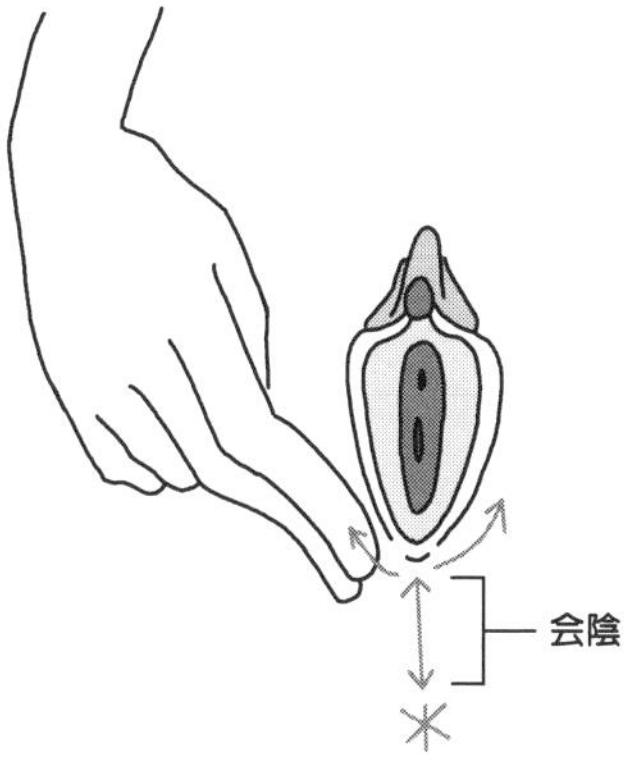

●膣内のマッサージ

1 指を入れる

人差し指にオイルをたっぷりつけ、静かに膣のなかに入れていく。指が入らないときは、無理をせず、入り口付近をやさしくマッサージするだけにする。

膣のなかに指が入っても、膣が乾いていると奥まではすすめない。その場合は、入れられるところまで入れて終了とする。何度か行っていると指が奥まで入るようになるので、無理は絶対にしないこと。

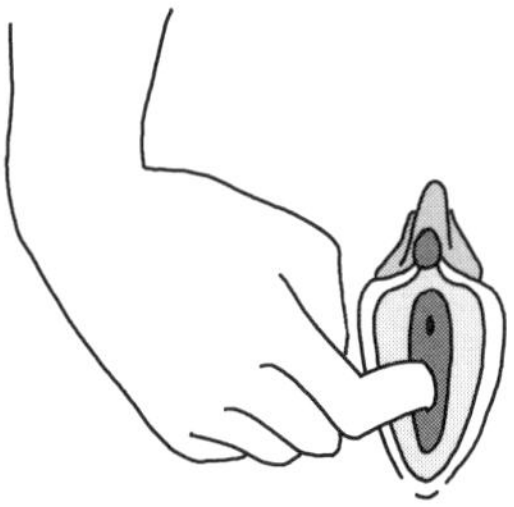

2 指でマッサージ

膣に人差し指が第２関節ぐらいまで入るようになったら、膣のなかで指をゆっくり左右に動かし、膣壁をまんべんなく、痛くない程度に、ゆっくり、ぐっ、ぐっと押していく。

指を動かすのは、時計で言うと９時から12時を通って３時までの範囲。

不快感や尿意を感じたら、指を入れたまま、ゆっくり腹式呼吸をする。それでも不快感があるなら、マッサージを中止して、また次回ということにする。

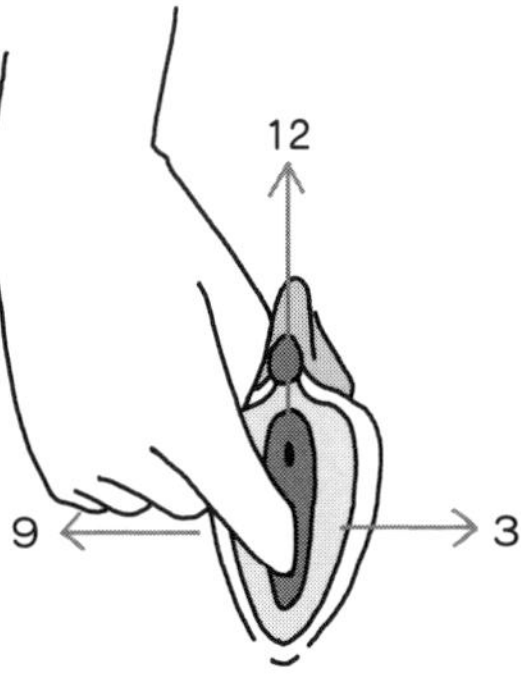

3 膣のなかの状態を確認する

会陰マッサージを何回か行って、なれてきたら人差し指を奥まで入れて、膣のなかの状態を確認する。

★膣壁の状態……膣壁にデコボコやザラザラがなく、ツルツルしているようであれば、膣壁が乾いて硬くなっている可能性がある。オイルケア入浴と会陰マッサージを続けて行っていると、個人差や年齢差はあるが、次第にデコボコやザラザラが回復してくるはず。

★Ｇスポット……Ｇスポットがあるとされる部分（84ページの図を参照）にさわっても、性的な快感がなく、尿意を催したりするだけ、という人は珍しくない。会陰マッサージを続けていると性的快感は自然に深まってくるので、Ｇスポットにこだわる必要はない。

★尿道や膀胱の位置……膣口に近いお腹側の部分、恥骨のすぐ奥あたりに、やわらかい丘状の出っ張りがあるなら、尿道や膀胱が下がってきている可能性がある（99ページの図を参照）。会陰マッサージとあわせて、すぐに骨盤底筋体操を始めたほうがよい。

★子宮口の位置……子宮の入り口（子宮口・ポルチオ）のふくらみにさわって、子宮口の感触を確かめる。子宮口は、排卵や生理、出産が近づくとやわらかくなり、膣口のほうに下がってくる。排卵や生理が近づいているわけでもないのに、子宮口に簡単にさわれる場合は、子宮下垂の可能性がある（99ページの図を参照）。会陰マッサージとあわせて、すぐに骨盤底筋体操を始めたほうがよい。
子宮口への刺激は脳にも伝わるので、肌が艶めき、うるんだような目になり、笑ったときに目尻が下がって、やさしい表情になることが期待できる。

4 親指を入れる

親指にオイルをたっぷりつけたら、親指の腹を下に向け、膣のなかに第1関節ぐらいまで、ゆっくり入れていく。

膣のなかの親指と、会陰の上に置いた人差し指で会陰をはさみ、やさしくもみほぐす。

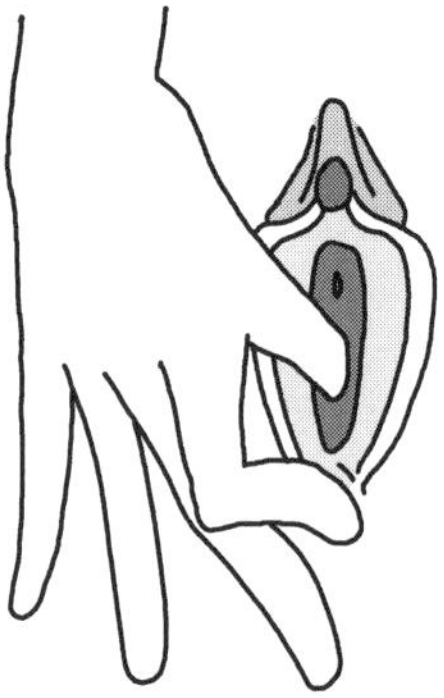

5 直腸と肛門

親指以外の指を軽く握り、親指の腹を下に向けたまま第2関節ぐらいまで入れ、そのまま親指で膣のお尻側を押していく。

押すのは、時計で言うと3時から6時を通って9時までの範囲。6時の位置が肛門の裏側、直腸と膣の境目になる。

便秘ぎみの人は、ここをていねいにマッサージすると排便が楽になる。

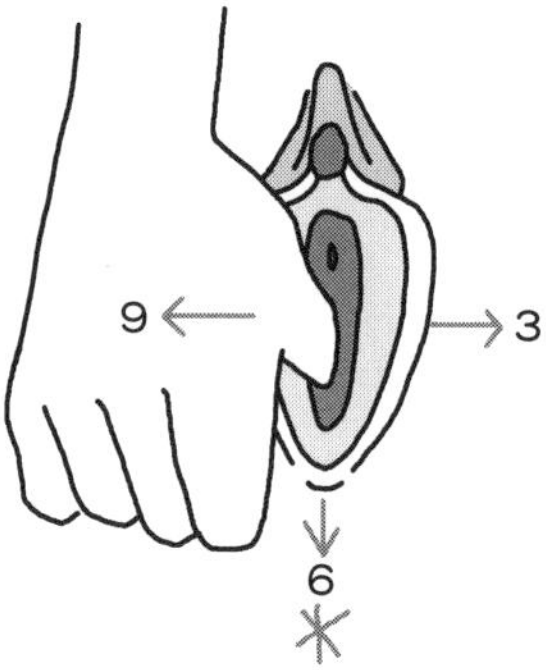

6 膣のなかの状態を確認する

★直腸の位置……親指を入れたとき、膣のなかの６時の位置にやわらかな丘状の出っ張りがあるなら、直腸瘤（直腸ポケット）の可能性がある。

出っ張っている部分を直腸のなかに押し戻すように、少しだけ強めに圧をかけると、初期であればそれだけで出っ張りは小さくなってくるはずだが、すぐに骨盤底筋体操を始めたほうがよい。

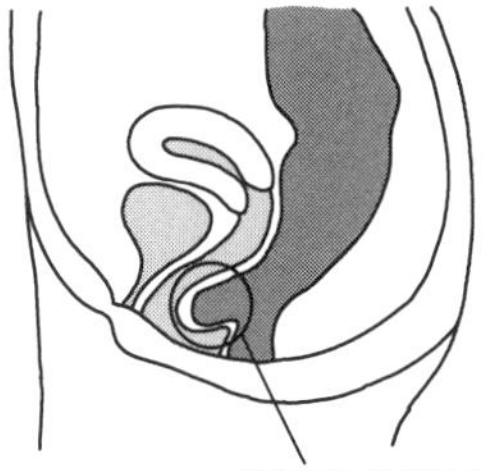

7 肛門付近

オイルをつけた指で、尾骨の先端の両脇にある会陽というツボ（162ページ参照）をもみほぐす。後ろから手をまわし、体を左右に傾けながら行うとよい。会陽をマッサージすると、痔や便秘に効果があるとされている。

肛門のまわりや、坐骨結節のあたりにも、少し圧をかけながら指でオイルを塗りこんでいく。便秘や痔の改善が期待できる。

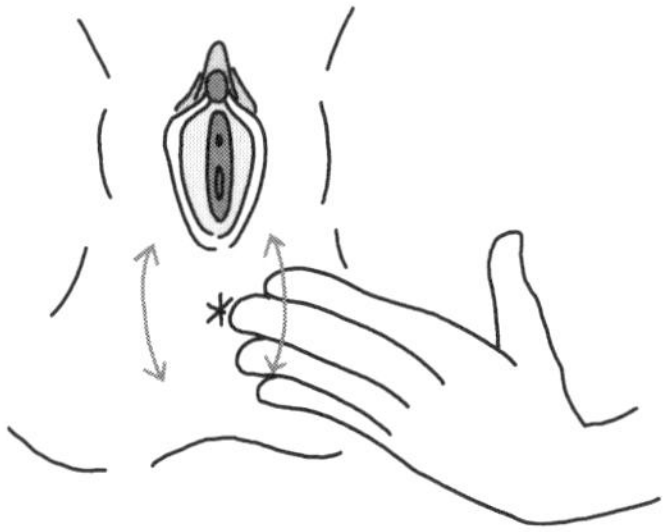

以上で、会陰マッサージは終わりです。

オイルは拭き取らず、塗ったままにしておきます。下着の汚れが気になる人は、布ナプキンを使うといいでしょう。おりものシートなどは、吸収力がありすぎて局部を乾燥させることがあるので、日常的に使うことはおすすめしません。

会陰マッサージは、継続することで効果を発揮します。週に2～3回のペースで行ってください。忙しいときは、外性器にちゃちゃっとオイルを塗り、膣のなかもさっと塗っておく程度でいいでしょう。オイルを塗ったあと、お湯を入れたペットボトル（オレンジ色のフタのもの）か、あたためたコンニャクを股にあてておくと、さらに冷えが取れ、生理痛の改善になります。

なんらかの事情で会陰マッサージが行えない人は、コットンにオイルを染みこませておりものシートのうえに置いて女性器に当てておきましょう。雑菌が繁殖するおそれがあるので、トイレに行ったら取り替えるようにしてください。

マッサージを行っているうちに性的な興奮を覚えたら、マスターベーションを行ってもかまいません。オキシトシンも放出されますから、罪悪感をもたず、力を抜いて行いましょう。

欧米ではあたりまえ？
ヴァギナ・リニューアル・プログラム──アメリカ２

アメリカで、妊婦以外の女性に、もっとも熱心に会陰マッサージをすすめていると思われるのは、「A Woman's Touch[※1]」というサイトだ。

このサイトを運営しているのは、ふたりの女性。ひとりはカウンセラー、もうひとりは、医師のマートル・ウィルハイト博士。

Dr. ウィルハイトは、数年連続で「全米ベスト・ドクター」に選出された米国ウィスコンシン大学医学公衆衛生学部教授デイヴィッド P. ラケル氏の著書『Integrative Medicine』のなかの、「膣の乾燥」に関する項の執筆なども行っている、その道の専門家。

そのため、このサイトでは、更年期の「膣を生き返らせる」独自のマッサージ法などが紹介されている。要約すると……


──会陰マッサージは膣萎縮を予防し、うるおいを保持、セックスのさいの痛みや不快感を軽減させる効果もあるので、習慣にすることをおすすめする。……指の先で手の甲を押して離すと、指で押した部分が白くなり、しばらくすると肌色に戻るが、それと同じぐらいの力で、膣のなかをまんべんなく押していく。皮膚組織に溜まった古い体液を追い出し、新鮮な血液とリンパ液を送りこむのが目的だ。血行を促し、細胞に弾力を与える。マッサージの所要時間は５分程度。

マッサージに加えて、最低でも週に一度はオーガズムを得ること。骨盤底筋体操をすることもすすめられる。骨盤底筋がおとろえると、尿もれや便もれ、骨盤臓器下垂、骨盤臓器脱などの問題が起きる──。


実は、このプログラムで、膣の萎縮や骨盤底筋のおとろえを回復させるもっともよい方法とされているのは、膣に入れるタイプの電動マッサージ器の使用。バイブレータと違って、膣に入れる部分はまっすぐになっている。日本でも、インターネットでの入手が可能。

※1　A Woman's Touch Sexuality Resource Center. https://sexualityresources.com

骨盤底筋体操

会陰マッサージになれてきたら、骨盤底筋体操を始めましょう。

指を膣のなかに入れて行うので、人目が気にならない場所で行ってください。膣に指を入れるのは、そのほうが膣のなかの筋肉の動きがわかりやすいからです。筋肉の動きはわかりづらくなりますが、膣口に指をあてて行ってもいいでしょう。なれてきたら、指を入れなくてもできるようになります。

ここでは立って行う方法を紹介しますが、硬めの椅子に浅く腰掛けて行ってもいいでしょう。立って行う場合は、体のバランスが保ちにくいので、利き腕でないほうの腕でなにかにつかまって行ってください。

◎注意事項……骨盤底筋体操は、生理が始まってからの3日間や、体調が思わしくないときは行わないでください。清潔を保ち、無理をせず、痛みがあったら中止します。異常がある場合は、すぐに病院で相談してください。妊娠している人、出産直後の人は、かならず専門家の指導の元で行ってください。

欧米ではあたりまえ？
それでも自分の膣にはさわりたくない!?——日本

欧米では、もはやあたりまえと言っても過言ではない会陰マッサージ。ところが、聖路加国際大学と聖路加産科クリニックが行った実態調査を見ると、効果が明らかになっているにも関わらず、日本では会陰マッサージを行うことをためらう妊婦さんが少なくないという結果がでている[※1]。390名の妊婦さんを対象に、出産後に質問をして調べたところ、「会陰マッサージのことを知っていた」のは、有効回答334名のうちの約80%。「やり方を知っている」と答えた人は、そのうちの約83%と非常に高率なのに、実際に会陰マッサージを行った人は、「やり方を知っている」と答えた人の約52%。残りの約48%の人は、やり方を知っていたのに、実際には行わなかったという。なぜだろう。

「会陰（女性器）に触ることに対する抵抗を感じた」という理由が複数回答のなかでもっとも多く、約46%。つぎに「時間が確保できなかった」が約28%。「効果があると思わなかった」が約17%。ほかにも「痛そう」「興味なし」「方法がよくわからなかった」などが、行わなかった理由としてあげられている。

実際に行った人のなかにも、やり方がよくわからなかったという人がいて、膣のなかに、「どのくらい指を入れればいいのか」、「力加減はどのくらいなのか」などが、わからなかったこととしてあげられている。

それでも、会陰マッサージの効果や、やり方を助産師さんから個別指導された女性は、実際に行った人が多かったそうだ。会陰マッサージを行うことによって、人生を左右する大きなリスクを回避・軽減できるとわかれば、抵抗感を乗り越えることができるということだろう。

※１「何故妊婦は会陰マッサージをしないのか？」竹内翔子、堀内成子『日本助産学会誌』Vol.28 日本助産学会

骨盤底筋体操
尿道括約筋を鍛える場合

❤オイル約20cc
セサミオイル、スイートアーモンドオイル、
アーユルヴェーダのスキン用オイルのいずれか

①両足を肩幅に開き、つま先を内側に向けて立つ。膝を少し曲げた状態で、オイルを塗った人差し指の腹を上向きにして膣のなかに第2関節まで入れる。

②息をゆっくり吐きながら両膝を曲げていって、両足の膝頭をくっつける。このとき同時に、膣口に力を入れ、膣口をお腹のなかに引きこむ感じで引き上げる。膣のなかに入れた人差し指の腹がふれている部分が動けばうまくできている。そのまま5秒ほど停止。

③息を吸いながら両膝を離していき、同時に膣口をゆるめる。

④この動きを10回以上くり返す。

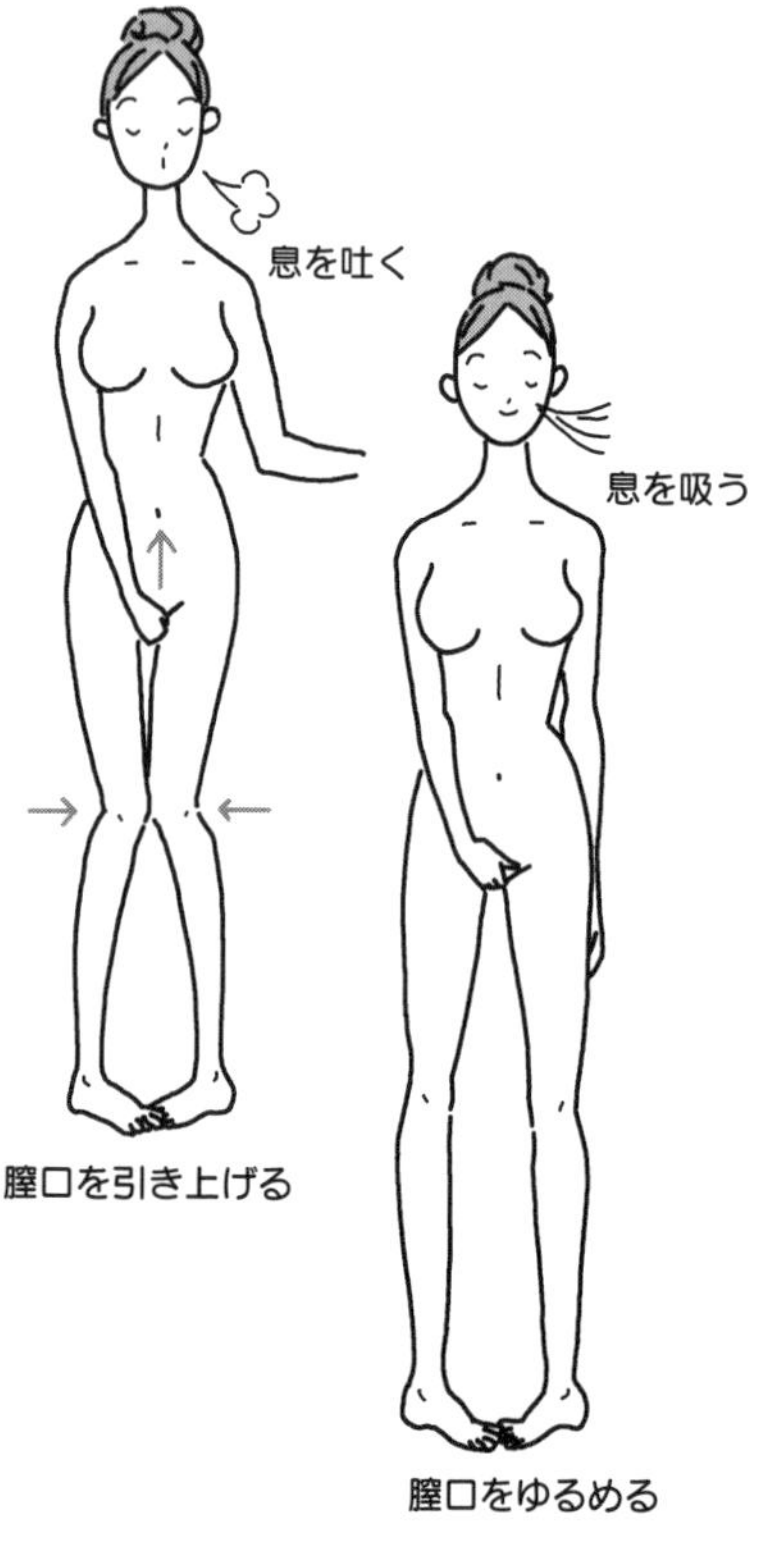

骨盤底筋体操
肛門括約筋を鍛える場合

①両足の踵をくっつけ、つま先を外側に開いて立つ。膝を少し曲げた状態で、オイルを塗った人差し指の腹を上向きにして膣のなかに第２関節まで入れる。

②息をゆっくり吐きながら両膝を曲げていって、両膝を離す。このとき同時に、肛門に力を入れ、肛門をお腹のなかに引きこむ感じで引き上げる。膣のなかに入れた人差し指の背がふれている部分の筋肉が動けばうまくできている。そのまま５秒ほど停止。

③息を吸いながら両膝を閉じていき、同時に肛門をゆるめる。

④この動きを10回以上くり返す。

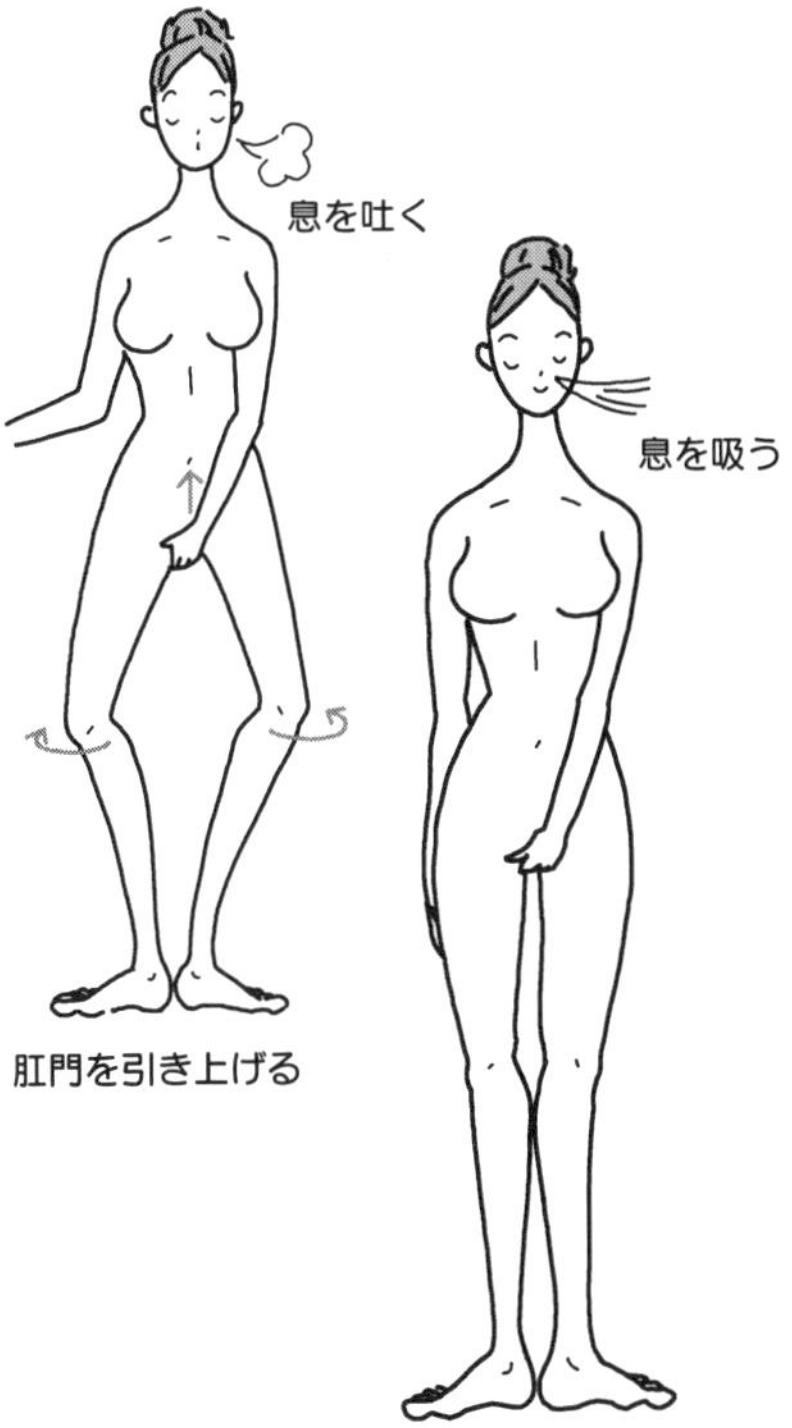

肛門を引き上げる
肛門をゆるめる

いかがですか？　骨盤底筋は思い通りに動いていますか？

なかには、ぜんぜん動かないという人もいるでしょうが、心配しなくても大丈夫です。会陰マッサージを行いながら続けていると、だんだんコツがわかってきて、自分の思い通りに動かせるようになります。

尿道括約筋を鍛えるときは、太ももの筋肉を股のあいだに巻き込むような感じで力を入れてみたり、下腹に力を入れてみたりするといいでしょう。肛門括約筋を鍛えるときは、太ももの筋肉をできるだけ外側に開くようにします。どうすれば尿道括約筋や肛門括約筋が動くか、自分なりにいろいろ試してみましょう。

立ったり歩いたりするときも、着物を着ているイメージで太ももを閉じるよう心がけたり、腰骨を体の中心に巻きつけるイメージで下腹を引っ込めたり、胃や腸をもちあげるイメージでいたりすると、筋力がついて姿勢がよくなります。

どうしても力の入れ方がわからない場合は、オイルケアを継続しながら、骨盤底筋体操や膣トレの専門家に相談してください。オイルケアを続けていると、速やかな筋力アップが可能になるからです。骨盤底筋がおとろえると日常生活に支障が出て、手術が必要になったりするので、恥ずかしがらずに相談しましょう。

第6章

体験レポート

衝撃の連続！　ここまで変わる

恥ずかしながらの、体験告白

オイルケア入浴、会陰マッサージ、そして、膣に指を入れての骨盤底筋体操――。どのセルフケアも、本書で初めて知ったという方が多いのではないでしょうか。

助産師さんたちが推奨していることもあって、出産前に行う会陰マッサージは、妊婦さんたちのあいだではすでにかなり広まっています。そのため、会陰マッサージを行った妊婦さんたちの感想や体験談は、聖路加国際大学・聖路加産科クリニックが行った調査[※1]や、出産した女性たちのブログなどで読むことができます。

けれども、妊婦さん以外の女性に会陰マッサージをすすめているのは、私が調べた限り、日本では、たつのさん、ただひとりのようです。妊娠していない女性の体験談となると、いまのところ公開されているものは見当たりません。

そこで本書では、思い切って、私（原田）の体験を紹介させていただくことにしました。

※1「何故妊婦は会陰マッサージをしないのか？」竹内翔子、堀内成子『日本助産学会誌』Vol.28 日本助産学会

膣のトレーニンググッズで泣く

始める前は、「オイルを体に塗ってお風呂に入ったら、お風呂掃除が、ものすごく大変になるに決まっている。めんどうだなあ」などと、ネガティブなことばかり考えていました。それでもとにかく、思い切って始めてみたら……。

お風呂は、ベタベタにはなりませんでした。

掃除も、思ったほど大変ではありませんでした。

お湯は汚れますが、タオルを使って体をなで洗うと、その気持ちよさときたら、まさにやみつき。足の先までしっかりあたたまるし、皮脂が取れすぎないので肌はしっとりするし、肩や首など、ガチガチになっているところを入念にマッサージすると、あまりの気持ちよさに思わずうなってしまうほど。

すぐに、「これはやめられない！」と思うようになってしまいました。

たつのさんからは、オイルケア入浴をしたあと、会陰マッサージをするようにと言われていたのですが、……それはパス。

最初はとりあえず、オイルケア入浴とタオルでのなで洗いだけを、ちょっと手抜きしながら行っていました。コリや冷えが改善されてきたので、それだけでもかなり満足していたのです。

●女友だちに見栄をはり……

ところがそんなころ、ある女友だち（当時51歳。セックスレス約5年）に、たつのさんから教えてもらったことを話したら、彼女が「膣を鍛えるグッズがあるから、実験だと思って買ってみない？」と言いだしたのです。

たつのさんから、「セックスとは関係なく、女性は膣の筋肉を柔軟に保つ必要がある」と何度も聞かされていたのに、私のなかにはまだ、「膣を鍛えるのはセックスで男性を喜ばせるため」という固定観念がありました。

そのため、女友だちにそう言われたとき、まず感じたのは嫌悪感。「そんな下品で浅ましいことはできない！」と思ったのです。けれど私は見栄っ張り。常識にとらわれた、つまらない女と思われたくないばっかりに、こみあげてくる嫌悪感を押し殺し、にこやかに笑いながら言いました。

「そうだね、買ってみようか」

「うんうん、買ってみようよ。面白そうだよね」

いたずらっ子のような顔をして笑う女友だちの前で、私は必死の作り笑い。

まさか、この年になって、そんなものを買うことになるなんて……。だけど、たつのさんと本を作るなら、そういうことだって、ちゃんと知っておいたほうがいいに決まっています。「そうだ、これは仕事なんだ。実験だ！」。私は作り笑顔の下で、自分にそう言い聞かせておりました。いまから3年ほど前のことです。

その後すぐ、その女友だちから「外国のサイトで、翡翠《ひすい》の卵を注文する」というメールが来ました。「翡翠の卵？　それ、なに？」と思いましたが、注文してもらえるなら文句は言わない、です。

●届いたグッズとは？

しばらくして、荷物が届きました。外箱を見ただけでは、なにが入っているかわかりません。開けてみると、紐《ひも》がついた小さな卵形の翡翠が3つ。大・中・小のサイズ違いで、それぞれがいわゆるプチプチに包まれて鎮座ましましておりました。お値段は空輸代も入れて3万円弱。お安くはありません。

これを入れるのか……と思ってため息をついていたら、女友だちから電話。

「やってみたよ！」

「えっ！　もう、やったの？　早いね……」

「うん。『大』でやってみたけど、簡単に入ったよ！」

なんとなく得意げに聞こえたのは、私のひがみでしょうか。

「原田さんも、早くやってみなよ。実験だよ、実験！」

女友だちはあっけらかん。

「うん。わかった……」

私はどんより。

考えてみれば、彼女のお尻はプリプリ、ハート尻なのです。

だけど、負けてはいられません。

よし！　私だって！　躊躇することなく、一番大きな翡翠の卵（直径約3・5センチ、長さ約5センチ）を手に取って、キレイに洗い、「絶対、大丈夫！」と自分に言い聞かせながら、それでも恐る恐る入れてみました。

……入りません。そんなバカな！　と思い、卵にオイルをつけて再挑戦。なんとか押し込んだものの……激痛！　あわてて紐を引っ張って取り出そうとしましたが、さらに激痛。

「どうしよう！　出せなくなっちゃった！」と、一人でおおあわて。

落ち着け、落ち着けと、念仏のようにとなえながら、やおらウンコ座り。紐が切れたらどうしよう……という恐怖におののきながら、やっとの思いで取り出したものの、さらなる激痛。

あまりの痛さに、下半身を押さえたまま、しばらくベッドの上でうめいていました。あとでみたら、下着にうっすら血がついていました。

●悲劇的な干あがり？

長いこと使っていなかった私の膣は、たつのさんが言ったとおり、完全に干あがり、カチカチを通り越して、カッチンカッチンになっていたのです。

翡翠の卵は、その後、もう一度キレイに洗って厳重に梱包。二度と使うことはないと思いながら、医療品を入れた引き出しの一番奥にしまいました。

女友だちには、しかたなく「大きいのを入れたら、死ぬほど痛かった」と打ち明けましたが、なぜか敗北感……、くやしい！

下品だとか、浅ましいとか言っておきながら、まったくどういうことでしょう。性に対するアンビバレントには、自分でも驚くばかりでした。

ところで、もしかしたら、膣トレグッズを使ってみようかと思っている方がいるかもしれないので、一言、助言をしておくと、私のように膣が乾いて硬くなっている可能性がある人は、まずは会陰マッサージを行い、膣がやわらかくなってから使ったほうがいいでしょう。挿入をともなう性体験や、経膣分娩をしていない人は、小さなサイズをお使いになることをおすすめします。

私はその後、またもや散々悩んだ末に、思い切ってゴム素材のひょうたん形のものを購入。使ってみましたが、天然石の翡翠のほうが保温性が高く、使い心地もいいように思えました。外国製のものは紐が色落ちしたりするので、購入したら、紐を無着色の天然素材のものに付け替えたほうがいいでしょう。

ですが、本音を言えば、グッズを使っても、骨盤底筋の筋力アップにはあまり役に立たないような気がしています。結局、膣の筋力アップは、オイルケア入浴で冷えやこわばりを取り、会陰マッサージを行いながら、根気強く骨盤底筋体操をしたり、姿勢を正したり、生活習慣を改めたりすることによってしか成し遂げられない、というのが、実体験に基づく私の結論です。

とはいうものの、翡翠の卵は、あとで大活躍することになるのですが……。

会陰マッサージでスーパー便秘（直腸瘤）克服！

さて、翡翠の卵で、自分の膣が、完全に干あがっていることを思い知った私は、ついに会陰マッサージを行うことを決意。お風呂でオイルケア入浴をしたあと、オイルをたっぷり手にとって、膣口へ……。

ところが、なんと、第1関節までしか入りません！

大決心で始めたのに、結局、1日目は第1関節止まり。やれやれ情けない、と思ったものの、さすがに干あがっている膣をそのままにしておく気にはなれず、その後も、入浴するたびに会陰マッサージをくり返しました。忙しくて、オイルをざっと塗りこむだけになった日もありましたが、とにかくオイルを塗り続けた

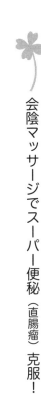

のです。努力の甲斐あって、2～3週間で第2関節まで入るようになりました。

それでも、膣のなかで指を動かすことはできません。オイルを塗っているのに、すぐに指のすべりが悪くなってしまうのです。パサパサに乾いて硬くなった膣壁が、あっというまに指のオイルを吸い取ってしまうのです。

たつのさんに「めんどうなので、膣にオイルを流し入れたらダメですか?」と聞いたら、「それはやめてください」とのこと。しかたなく、何度も何度も、指にオイルを塗っては膣のなかに入れるということをくり返しました。

あとで調べたら、欧米には、針がついていない注射器のようなもので、膣にオイルを流しこむことを推奨しているサイトもありました。自己責任になりますが、トライしてみてもいいかもしれません。

●親指で挑戦!!

そんな状態が1カ月以上、続いたでしょうか。やがて膣のなかで、人差し指を動かせるようになってきました。

その段階で探索したところ、私の膣のなかには、デコボコ、ザラザラは一切ありませんでした。たつのさんが言ったとおり、ツルツルです。オイルを何度も塗ったせいか、カチカチというほどではありませんが、まあ、それに近い感じ。Ｇスポットがあるというあたりをさわってみても、「それがどうした？」という感じです。

好きな人がいて、近々、セックスをするかもしれない、ということでもあれば、かなり落ちこんだでしょうが、私には、そんな予定は一切ありません。がっかりしたことはしましたが、予想通りでもあったので、「ふん！」と鼻を鳴らして考えないことにしました。

そんなことより、次は親指だ！

臆病なくせに、始めるとトコトン行くタイプの私は、オイルを塗った親指を膣のなかに入れ、親指の腹で膣壁を押してみました。

すると、あれ？　なんか変……。

膣と直腸を隔てている壁のあたりが、ほかの部分とくらべて、あきらかに盛りあがって、ブヨブヨになっているのです。やけどをすると、表皮がぷっくりふくらんで水ぶくれになったりしますが、ちょうどそんな感じのふくらみです。表面は、押すとプニョプニョへこむ感じ。

親指を第2関節まで入れたあたり、肛門のうえあたりの膣壁です。ブヨブヨのふくらみは、直径3〜4センチぐらいでしょうか。

これ、なに？　しばらく考えて、ハッとしました。これは「直腸ポケット」だ！

●謎の便秘現象が解明!?

２０１０年に、「頑固な便秘が治った！　腸スッキリ最新対策術[※2]」というテーマで放送された、ＮＨＫの「ためしてガッテン」。便秘に悩んでいた私は、当然のように録画。しっかり見ていました。

番組によると、「骨盤底筋が弱ると、排便のとき、いきめばいきむほど骨盤底筋が緊張してガチガチになり、腸の出口が閉まった状態になってしまう。そのため、出口を失った便は、直腸のなかに『直腸ポケット』を作り、そこにたまってしまう。それが『スーパー便秘』と呼ばれる『直腸性便秘』である」とのこと。この便秘の治療法は、病院へ行って「肛門から特殊な風船を入れて排便の練習をするか、あとは手術しかない」と、説明されていました。

※2「ためしてガッテン」2010年4月21日 NHK

楽天家なのか、現実を直視できないタイプなのか、そのころだって便秘で悩んでいたくせに、まさか自分がスーパー便秘になっているとはゆめ思わず、私はのんきに「ふ〜ん、こんなことになったら大変だなあ」なんて思っていたのです。

でも、いま、親指がさわっているところは、あきらかに、ほかの膣壁とは状態が違っています。

ええ〜っ！　まちがいない！

これは直腸ポケットだ！

私の便秘はこれが原因だったんだ！

驚愕しました。でも、そういうことなら、便秘がどんどんひどくなってきているること、便意があるのに、どうやっていきめばいいか、ときどきわからなくなって困っていたことの説明がつきます。

またもや、落ち着け、落ち着けと自分に言い聞かせながら、いろいろ調べてみたら……やっぱり、まちがいありません。私のそのブヨブヨの出っ張り＝直腸ポケットは、たつのさんが言っていた「直腸瘤」だったのです。自分ではまったく気がつかないうちに、私は立派なスーパー便秘患者、つまりは直腸瘤患者になっていたのです（直腸瘤については97ページ参照）。

ってことは、手術？　……青ざめました。

けれども、元来の医者嫌い。すぐに病院に駆けつける気持ちにはなれません。

●常温水を飲み続けながら会陰マッサージで……？

どうしたものか、なんの策もなく悩んでいたのですが、数日後、またもや便意があるのに出ないという状態になったとき、思い切って膣のなかに親指を入れ、そのポケットのあたりがどうなっているか、調べてみることにしました。すると、ブヨブヨになっている膣壁の向こうに、便のあることがはっきりわかりました。ポケットに便が入りこんでいるのです。

そこで私は、そのブヨブヨのうえに親指の腹を当て、ブヨブヨごと、ギュッと便を押してやりました。そのときは、それで排便成功。

とはいえ、こんなことが常態になったらと思うと、ますます青ざめる思い。毎回、便意をもよおすたびに、膣に親指を入れ、膣壁越しに便を押し出さなければならないなんて、あんまりです。

真剣になりました。お風呂上がりには、かならず会陰マッサージ。そのたびに、その憎きブヨブヨを「引っ込め、引っ込め」と念じながら、親指で直腸のほうへ押し戻してやったのです。痛くなるほどやったら、また困ったことになるかもしれないので、力加減はほどほど。乱暴はいたしません。だけど、「引っ込め！」の念だけは強く。

同時に、便秘のせいで、乱れに乱れていた排便サイクルを「正常にする！」と誓いました。朝はできるだけ早く起床。毎朝、起きたら常温水をコップ1～2杯飲み、出ようが出まいが、朝のうちに排便をするつもりでトイレに入り、直腸と肛門がまっすぐになるよう、前屈みの姿勢で便座に座る。いきみ過ぎるとポケットが深まる恐れがあるので、出ないと思ったらあきらめて、トイレには5分以上、座らない。トイレでの本読みも禁止。それを毎朝の日課にしたのです。

すると、すると、会陰マッサージの効果てきめん！　ブヨブヨの出っ張りが、次第に小さくなってきたではありませんか！　おまけに朝の排便も、だんだん習慣づいてきました。

そしてついに克服！　水ぶくれのようなふくらみは、消滅しました！

●手術回避!!

直腸ポケット（直腸瘤）に気づき、親指で熱心に会陰マッサージを行うようになってから、3〜4カ月が経っていました。一度は伸びてしまった粘膜なので、なんとなくその部分が、ほかとくらべて軟らかいような感じはいまも残っています。ケアを怠ったら再発するかもしれないので、注意していますが、とりあえず、手術は回避！ です。

排便も、いまはほとんど毎朝、きちんとあります。

夜ふかしをして起床が7時過ぎになったり、ストレスがたまったりすると、コロコロ便になって朝の排便が途切れてしまうこともありますが、そんなときは、朝、起きがけに常温水をコップ2杯。便秘解消に効くものを摂ったり、なで洗いをするときは腸に沿って時計回りに数回ゆっくり押し回してみたり、お風呂から出たら、かならず会陰マッサージと、いろいろやってみましたが、一番効くのは、私の場合、早起きです。

6時前に起きて、朝はできるだけのんびり過ごす。腸が動くように、水を飲んだり、軽くヨガをしたり、テレビを見ながらお腹をぐるぐるマッサージしたり。これで便秘解消です。

●劇的改善の次に来たものは？

30代後半から便秘に悩んできた私にとっては、まさに劇的な変化。毎日、便通があるということは、なんと気持ちのいいことなのでしょう。毎朝、便器のなかを眺めてはニッコリ。整腸剤も下剤も浣腸も、まったく不要となりました。

それだけではありません。しょっちゅう、腰痛、頭痛に悩まされていたため、手放すことができなかった鎮痛剤も、常用していた睡眠導入剤も、便秘が改善されたことが直接の要因かどうかはわかりませんが、ほとんど不要になりました。

ところで、あとになってたつのさんに「便秘のとき、膣に指を入れると腸に便があることがはっきりわかりますけど、男の人は気づいているのでしょうか？」と聞いたら、「わかっていると思いますよ。思いやって言わないだけじゃないですか」とのこと。昔のことを思い出して、赤面しました。

なお、たつのさんによると、朝起き抜けに常温水を飲むという排便誘発法は、

「お腹を壊す可能性があるから、誰にでも勧められるわけではありません」とのこと。お腹が弱い方は、95ページで紹介した、ほかの便秘解消法を試してみてください。

ちなみに私は、水溶性食物繊維が含まれた、わかめを食べると快便になるため、わかめの醤油炒めを常備菜にしています。人によって快便を誘発する食品は違うそうなので、なにを食べれば快便になるか、自分の体を観察することをおすすめします。

以上、このような経験から、いまや私は、「スーパー便秘（直腸瘤）は、初期であれば、手術をしなくても、オイルケア入浴と会陰マッサージで治る！」と確信しています。悩んでいる方は、手術を選択する前に、ぜひ一度、試してみてください。費用はオイル代しかかかりませんし、なんといっても、ひとりでこっそりできますから。

と、ここでハッピーエンドにできればよいのですが、私の場合、自分の体を気にかけてこなかったツケは、直腸瘤だけにとどまらなかったのです。

●子宮が下垂している⁉

直腸瘤を克服し、会陰マッサージにすっかりなれてきた私は、膣の奥まで指を入れられるようになっていました。ある日、いつものように会陰マッサージをしていたら、タンポンを使っていた20代のころより、子宮口に簡単に指が届くことに気がつきました。

そのことを話したら、たつのさんが真剣な顔で「原田さん、それは子宮が下がってきているってことですよ！　ヤバイですよ！」と、言うではありませんか。

一瞬、わけがわからず黙りこむ私に、たつのさんがダメ押し。

「子宮下垂ですよ！」

たつのさんの言葉をやっと理解した私は、それでも無言。

えっ、それって深刻なこと？　どうしたらいいの？

さまざまな疑問が頭のなかを駆け巡り、どう反応したらいいかわからなかったのです。

またまた青くなって調べてみると、骨盤臓器脱のリスクは「すべての女性の60

～70％にある」[※3]とのこと。それなのに、数年前のある調査では、50歳以上の女性の約64％が、病名すら「知らない」と答えています。[※4]

しかも、そんなに多くの女性がリスクをかかえているのに「外科的治療を含め、骨盤臓器脱を、完全に治すことは今なおできていない」[※5]というのです。

あせりました。

さらにさらに自分の膣のなかを点検すると、どうやら子宮だけでなく、膀胱も落ちてきているようなのです。膀胱下垂は、膣に指を入れてすぐのところ、恥骨のすぐ裏側のあたりが、ぽっこり膨らんでいることでそれとわかります。

このまま放っておいたら、私の場合、子宮も膀胱も落ちてくるということです。

「このままでは絶対にまずい！　会陰マッサージだけでなく、骨盤底筋体操もやらなければダメだ！」と考えた私は、骨盤底筋体操に挑戦。

けれども、骨盤底筋体操はかなりの難物でした。

「膣口を引き上げろ」と言われても、どうしたらそんなことができるのか、さっぱりわからなかったのです。

※３『女性なら知っておきたい骨盤臓器脱』島田誠著　メディカルトリビューン
※４「J＆J、骨盤臓器脱を知らない人が63.8％だったことを受け疾患と治療法などを紹介するメディアセミナーを開催」マイライフ手帳＠ニュース
※５『産科と婦人科』Vol.83 No.8　診断と治療社

おそそをあげて！　翡翠の卵と骨盤底筋体操で子宮下垂克服！

そういえば、40年ほど前、赤坂のバーで働いていたとき、その店のオーナーだった京都の芸妓《げいこ》さんから「私たちは若いころ、毎日『おそそをあげて！』と叱られていたのよ」と聞かされたことがありました。「おそそ」とは京言葉で膣のこと。その話を聞いたときは、「男性を喜ばせるために、そんな訓練までするのか。芸妓さんも大変だなあ」なんて、正直に言えば、どこか蔑《さげす》んですらいたのです。

いまになって思えば「おそそをあげる」とは、骨盤底筋（下腹）に力を入れ、だけど肩や膝には余分な力を入れずに「しゃんと立つ！」ということ。芸妓さんの美しい立ち姿は、そういう日々の鍛錬のなかで培われたものだったのです。

それに引き換え私はどうでしょう。「私には膣なんかありません！」という顔をして上品ぶっていたものの、お手入れもせずにほったらかし。猫背なので立ち姿はだらしなく、骨盤底筋はゆるんで垂れてきているありさま。カッコ悪いこと、この上なし！　です。

でも、自己嫌悪におちいっている場合ではありません。芸妓さんとくらべるといかにも色気がなく、これも相当にカッコ悪いですが、膣に指を入れ、お尻に力を入れてみたり、太ももに力を入れてみたり。ああでもない、こうでもないと、日々、膣口を引き上げる訓練に励みました。

1カ月ぐらいそんな状態が続いたでしょうか。だんだんコツがわかってきました。膣口も引き上げられるようになり、尿道括約筋と肛門括約筋を、それぞれ別々に自分の意思で動かすこともできるようになってきました。

それからというもの私は、どこにいても、思いだしたら「おそそをあげて!」です。おそそをあげても、外からはわかりません。つまり、どこにいても骨盤底筋体操ができるということです。電車のなかでも、歩きながらでも、椅子に座っているときでも、いつでも、どこでも「おそそをあげて!」。

●一進一退の原因は?

それなのに、膀胱や子宮は、なかなかあがってくれません。少しあがってきたかなと思うと、いつのまにか、また下がっている。一進一退という感じなのです。

理由は、ストレスでした。

いろいろ事情があって、私はそのころ、頭の痛い問題を抱えていました。普段はできるだけ考えないようにしていたのですが、なにかの拍子にそのことが頭をもたげてくると、急に気が滅入ってくるという状態だったのです。

あるとき気がつきました。気分が沈んでくると、子宮や膀胱が下がってくるのです。疲れたり寝不足だったりしても下がってくるのですが、体調に問題がなくても、気分が沈んでくると明らかに下がります。

これまた、たつのさんが言ったとおりでした。気落ちすると、気（生命エネルギー）が弱り、姿勢が悪くなったり胃や腸が下がったりするので、子宮や膀胱も下がってくるのでしょう。

「なにがあろうと、明るく、前向きな気持ちでいることが大切」と言いますが、これは気持ちの問題だけでなく体の問題でもあるのですね。いろいろあって気がふさいでも、背筋を伸ばし、下腹に力を入れて、しっかり立っていることが大切なのです。

なんて口では言っても、それはそんなに簡単なことではありません。だけど、なんとかして、下垂してきている膀胱や子宮を元に戻したい。骨盤底筋体操だけではなかなかうまくいかないし、どうしたらいいだろう……と考えていたとき、ふいに思いだしたことがありました。

●翡翠の卵、再登場!!

本書のために、データの収集や翻訳をしてくれた、イタリア在住の星さんから聞いた話です。

「このあいだ、『いま、膣の健康に関する本を作る手伝いをしている』と話したら、イタリア人の40歳くらいの女友だちが、『私のなかには、いま膣ボールが入っている』って言うの。びっくりして理由を聞いたら、『将来、尿もれや便もれにならないための予防よ』だって。イタリアでは、珍しいことではないみたい」

膣ボールって、翡翠の卵と同じだ!

よし! もう一度、挑戦する!

私は、翡翠の卵を取り出してきて、よく洗い、さらにそれをお湯につけてやけどをしない程度にあたためてから、オイルをつけて膣のなかに入れてみました。

翡翠の卵をあたためたのは、アーユルヴェーダ理論の応用。オイルをつけてあたためているのですから、膣の筋肉だって柔軟になるはずです。

会陰マッサージを続けて行っていたからでしょう。今度は、問題なくスルリと入りました。思わず、どんなもんだい！　と言いたくなりましたが、冷静に考えれば、これはゆるんでいるせいかも……。

それはともかく翡翠の卵は、経絡や気功などと関わりがあり、宇宙と人間の根源的な真理を目指す「道《タオ》」という古代中国の思想（哲学）にもとづく「ユニバーサル・タオ・システム」という体系のなかで、気を高める修行に使われているそうです。膣に入れた翡翠の卵を上下左右に動かしたり、紐の先におもりをつけて膣を鍛錬《たんれん》したり。※6　つまり翡翠の卵は、古《いにしえ》より骨盤底筋体操に使われていたわけです。

●膣に卵を入れ、出勤？

鍛錬は無理！　だけど、イタリア人女性を真似ることはできる、と考えた私は、ある日、翡翠の卵を膣に入れたまま出勤。頭の痛い問題で弁護士さんと会ったり、

※6『タオ性科学 女性編』謝明徳《マンタクチャ》原著 鎌崎拓洋訳 産学社エンタプライズ

会社の資金繰りで頭を抱えたり……。普段なら、それだけで精神的にがっくり落ちこむはずなのですが、なぜかその日は元気。精神的にも落ち着いていて、これはひょっとしたら、翡翠の卵のおかげかもしれないと思いました。

ずっとまえ、たつのさんにお目にかかって数回目ぐらいのとき、たつのさんに言われたことがありました。

「女性は、膣が空っぽになって干あがってくると、なんとなく、寂しかったり、虚しかったりして、生きる気力そのものが弱ってしまうんですよ」

翡翠の卵でも、空っぽよりはマシということでしょうか。

長時間入れておくと問題が起きるかもしれないので、帰宅後すぐに翡翠の卵を取り出し、ついでに膣のなかを探ってみたら、わずかながら子宮が上がっている感じです。

ふーん、形状記憶かな？　だけど、なんか効果があるみたい。

というわけで私は、今日はなんだか子宮が下がってきそう、という日には、あたためてオイルを塗った翡翠の卵を、膣に入れて出勤することにしました。もちろんオイルケア入浴も、お風呂あがりの会陰マッサージも、骨盤底筋体操も、できるかぎり継続して行っていましたが、翡翠の卵を入れていると、おのずと膣を意識するようになるので「おそそをあげて！」の回数が増えるのです。

●子宮があがった!!

その結果、まず猫背が直ってきました。子どものころからしょっちゅう父に怒られ、それでも一向に直らなかった猫背が、直ってきたのです。

続いて改善されたのは、お尻の形です。エクボ尻のへこみが浅くなってきたのです。膣を引きあげるとき、ときどきお尻に手を当て、どうしたらお尻のへこみが浅くなるか観察していたのですが、まさか本当に直ってくるとは……。

そして、ついについに、子宮、あがりました！

膣のなかに指を入れても、なかなか子宮口には届きません。

やったー！

子宮があがるまでにかかったのは、骨盤底筋体操を始めて5カ月ほどでしょうか。最初のころは、おそそをあげる方法もわからなかったので、骨盤底筋体操のコツさえつかめば、人によってはもっと早くあがるかもしれませんし、私より下がっている場合は、もう少し時間がかかるかもしれません。それでも、スタイルも改善されるし、やってみる価値はあると思います。

残るは膀胱です。子宮はあがりましたが、膀胱はまだ下がったまま。どうやら、子宮を支えている筋肉と、膀胱を支えている筋肉は違う筋肉のようです。

どこに力を入れれば膀胱があがるかは、膣に指を入れて試せば、すぐにわかります。膀胱を持ちあげているのは、恥骨のすぐ上の筋肉と、恥骨の左右から5〜8センチほど上部にある筋肉のようです。膣口を引きあげながら骨盤をお腹に巻きつける感じにすると、力が入る部分です。

ここを意識して下腹を引っ込め、さらに子宮口を引きあげる。……なかなか大変です。まずは膣口を引きあげ、それができるようになったら、下腹を引っ込めて骨盤を内側に巻きこむトレーニングをするといいでしょう。同時に、胃や腸も引きあげるようにすると、さらに効果があるようです。

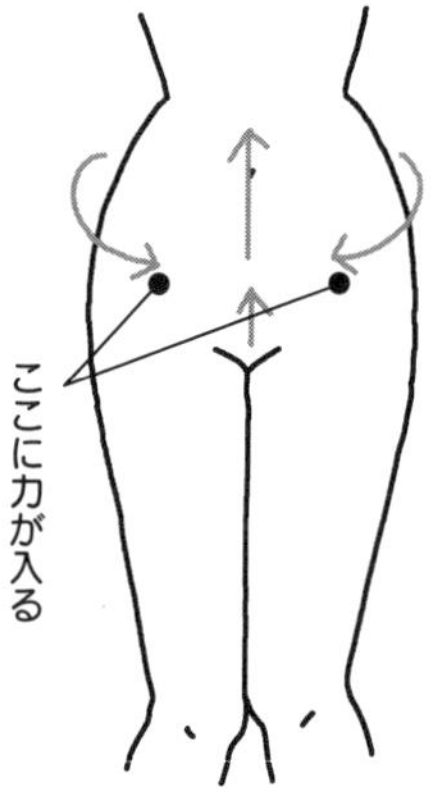

●美しく楽しく生きるために……!

私は、現在、膀胱を支える筋肉を意識して筋トレ継続中。そのうちきっと、膀胱もあがってくるでしょうし、お尻の形もさらに良くなるはず。楽しみです。

それにしても、あれだけイヤだった会陰マッサージ。思い切って始めて、本当によかったと思っています。そうでなければ、私はたぶん間違いなく、骨盤臓器脱で手術台にあがることになっていたでしょう。

私だけでなく、多くの日本人女性が「膣に指を入れてオイルを塗るなんて……」と言って眉をひそめていると思いますが、どうぞ勇気を出して、自分の膣のなかがどうなっているか、確認してみてください。それは、私たち女性が、美しく楽しく生きていくために必要なことなのです。

性的機能回復! 恥ずかしながら、濡れました!

さて次は、セックスです。

恥ずかしいのですが、ここまできたら、すべてお話しします。

私が20年以上セックスレスであることは、第1章でお話ししました。その状態はいまも続いています。ですので、会陰マッサージを行うと、パートナーとのセックスにどのような変化があらわれるかについては、残念ながら報告することはできません。

ですが、私にも報告できることがあります。

マスターベーションです。

若いころ、恋人がいないときは、普通にしていました。けれども、ストレスの多い生活、長期にわたるセックスレス、骨盤底筋のおとろえ、膣の乾燥・萎縮、骨盤臓器下垂と、まさに絵に描いたような女性器衰退コースを歩んだ私は、性欲も減退。夫とセックスレスになった当初は、「性欲なんてなくなればいい」と思いながら、惨めな気分でしていたマスターベーションも、次第にしなくなりました。

あれは何年前だったか、確か56歳ぐらいのころだったと思います。あるとき、そういえば長らくマスターベーションをしていないなあ、と気がつきました。このままでは、女性として終わってしまうような気がして、なんとなく不安になり、久しぶりにマスターベーションをしてみたことがあります。

ダメでした。クリトリスを刺激してもオーガズムは来ず、濡れる気配すらありません。

「そうか、私の女としての人生は終わったんだな」。ベッドのなかで、しみじみそう思いました。

そのころ私は、まだどこかで「女として愛されたい」「女として可愛がられたい」という思いを捨てられずにいたのですが、体はもう女ではなくなっているのだと思い知らされた気分。いつまでも若いつもりでいる自分が、なんだか哀れで、痛ましいような気すらしました。

「私はもう、おばあちゃんと呼ばれるような年齢なんだ。そもそも、この年でマスターベーションなんてしているほうがおかしいんだ」と、思ったのです。

そのため、会陰マッサージを始めたころは、セックスのことなど、ほとんど考えていませんでした。冷えが取れてきたことに感心したり、干あがっている膣に驚いたり、直腸瘤や子宮下垂に驚愕したり、それを治すことに夢中になったり、そっちのほうで忙しかったのです。

● 突然やってきたオーガズム！

ところがある日曜日、夕方お風呂に入ってオイルケア。そのあと、いつものように会陰マッサージをして、ワインを飲みながら、好きなものを食べ、好きなテレビを見てのんびりしたあと、ベッドに入って、ふいに思ったのです。そういえば、たつのさんは、性欲も回復してくるって言っていた。私の性欲はどうなっているんだろう。

ということで、数年ぶりにマスターベーションをしてみることにしました。

すると、なんと、自分でも驚くほど簡単にオーガズムがやってきました。しかも、これまでになく、深く長く続くオーガズム。びっくりしました。あわてて膣口を確認すると、なんと濡れています！ さすがに、若いころのように、しとどに濡れているとは言えません。ほんのちょっとです。でも、明らかに濡れていました。

ひぇー、すごい！ 私、ぜんぜん枯れていない！ ひとりで大笑いしました。
たつのさんと出会い、最初はあれほど抵抗を感じた会陰マッサージをやってみて、体が変わったら、いつのまにか心も変わっていました。以前の私は、セックスに対してつねにどこか身構えていたのですが、いつのまにか、変な緊張が取れて、おおらかにセックスと向き合えるようになっていたのです。

セックスが健康によいことは、すでにいろいろな研究であきらかになっています。会陰マッサージを行っていると、マスターベーションですらこれだけの違いがあるのですから、パートナーとのセックスも、いままでよりずっと気持ちのいいものになると思います。ぜひ試してみてください。

というところで、私の膣ケア体験告白は終わりになるはずでした。けれど私は、一旦始めたらトコトン行くタイプ。実はさらに続きがあるのです……。

●電動膣マッサージ器でも実験

アメリカの女医さんが、「膣の萎縮や骨盤底筋のおとろえを回復させるもっともよい方法は、膣に入れるタイプの電動マッサージ器の使用」と言っていることは185ページのコラムで紹介しましたが、私はそれがずーっと気になっていました。そういうことなら、それだって実験してみたほうがいいのでは？

ということで、私はとうとう、その電動マッサージ器を入手。ドキドキしながら箱を開けると、棒状の形をしたものの根本に、スイッチのついた円形の握りがついているものが出てきました。棒は太さの違うものが2本。アダルトグッズのバイブレータと違い、男性器の形をしているわけではありません。ただの棒です。それでも最初は、棒状のそれを直視することすらできませんでした。

日本でも評判になったアメリカのテレビドラマ「セックス・アンド・ザ・シティ」を見ていたので、マンハッタンの女性セレブリティたちが、ごく普通にバイブレータを使って楽しんでいることは知っていました。それでも、私にとっては、やはり相当に高いハードルだったのです。

でも、ここでくじけたら、それを入手した意味がありません。数日後、ついに意を決して実験開始！　電動マッサージ器の細いタイプ（直径約1・8センチ）にオイルを塗り、おもむろに膣へ。スイッチを入れると、振動が伝わってきます。

……別に気持ちよくはありません。痛さもありません。ふーん、振動しているなあ、という感じ。でも、実験ですから、続けることに意味があります。私は実直に実験を継続。アメリカの女医さんは、毎日行えと言っていますが、それはさすがにめんどうなので、1週間に1回ぐらいのペースで使い続けました。うーん、ちょっとは効果があるかなあ……。

そんな状態で、数カ月が経ちました。たつのさんも、アメリカの女医さんも、膣を健康に保つには、1週間に一度はオーガズムを得なければならないと言っているけど、この膣マッサージ器でオーガズムを得られたら楽でいいなあ……。バイブレータを購入する勇気がない私は、やがてそんなことを思うようになり、とうとうある日、思い切って、その電動マッサージ器の直径約2・5センチの棒を使って、マスターベーションを行ってみることにしたのです。

ベッドに横たわり、膣のなかで電動マッサージ器を振動させながら目を閉じて、セクシャルな気分になるよう努めました。エッチな場面を想像したり、ベッドのなかで男の人に囁《ささや》かれたいと思っている言葉を頭のなかでつぶやいてみたり。……次第に、いい気持ちになってきました。

気がつくと、私は腰を少し浮かせていました。セックスをするとき、男性器を深く迎え入れるためにする姿勢です。そのうちに私の膣は、男性器を引きこむような動きをし始めました。

たつのさんが、前に言っていました。

「セックスをしているとき、女性の膣は、柔軟であれば、男性器をぐーっと引きこむように動きます」

なるほど、これがそうか。ちょっとは柔軟になったということかなあ、などと考えているうちに、ハタと気がつきました。

これって、骨盤底筋体操だ！

思わぬ発見をしたせいで、結局、オーガズムを得ることには失敗してしまったのですが、そのあと、膣のなかに指を入れて確認すると、確かに子宮も膀胱もあがっている感じ！　継続して行わないと、またすぐに下がってきますが、膣を使ってのマスターベーションは、明らかに骨盤底筋を鍛えることに役立つのです。

それからというもの、私は、女性特有の不調を訴える女性がいると、「パートナーと、こまめに気持ちいいセックスをするか、バイブレータを買ったほうがいいよ」と忠告する、最高にいやらしいおばさんになっています。

なんて、人には言いながら、私はいまだに買えずにいるのですが、とにかく読者の皆様にも、パートナーとのセックスか、バイブレータの購入をお勧めしておきます。挿入をともなう性体験や経膣分娩の経験がない人は、挿入部分の細いものを選ぶようにしてください。

現在、骨盤底筋におとろえが見られない人でも、予防のためです。ぜひトライしてください。たつのさんや、アメリカの女医さんの「膣の内部や子宮口を刺激するマスターベーションをすることが大事!」というアドヴァイスは、まちがいなく、聞くに値するアドヴァイスなのです。

巻き爪まで完治

おまけのようですが、ここでもうひとつ、巻き爪の話をします。

オイルケア入浴になれてきたころ、長年、悩みの種だった巻き爪にも、オイルを塗ってみたらどうかしら? と、ふと思いました。ぜんぜん期待はしていませんでした。だけど、ひょっとしたら……と思ったのです。

そのとき、「無駄になるかもしれない」と思いながら、軽い気持ちで爪の写真を撮りました。携帯で……。真剣味が足りませんでした。まさかこんなことになるとは、夢にも思っていなかったのです。

というわけで、携帯で撮った、同一人物の足かどうかもわからないような写真ですが、少しは参考になるかもしれないので、その写真を掲載しておきます。

使ったのはターメリックオイルです（139ページ参照）。アーユルヴェーダ医のスクマール博士にあとで聞いたら、「巻き爪の治療には、あたためる効果が高いマスタードオイル（140ページ参照）がいい」とのことでしたが、当時はそのことを知らなかったし、巻き爪だけでなく、爪水虫になっている可能性もあると思ったので、私は殺菌効果のあるターメリックオイルを選択しました。

写真1は、オイルを塗り始める前の、私の右足。親指が巻き爪になっていて、押すと痛い状態でした。人差し指の爪はだんだん分厚くなってきていて、ひょっとしたら爪水虫かもしれないと考え、心配していました。

写真2は、オイルを塗り始めて5カ月ほど経ったときの写真です。驚いたことに、それまで生えていた爪とはまったく違う爪が、元々、生えていた爪の下に潜りこむような形で生えてきました。元々生えていた爪は、新しい爪に持ち上げられて浮いています。

写真３。ある日、突然、なんの前触れもなく、元々あった爪がポロリと取れました。まったく痛くなかったのですが、なにが起こっているのかさっぱりわからなかったので、ちょっとドキドキでした。

写真４は、足の爪にオイルを塗り始めてから、10カ月ほどが過ぎたころの写真です。元々あった巻き爪の下から生えてきた爪が、どんどん伸びてきています。新しい爪は、巻き爪ではありません。

人差し指にも、元々生えていた爪を押し上げるようにして、新しい爪が生えてきました。元々生えていた爪は、分厚くなって変形していたのですが、新しく生えてきた爪は、厚みもなくきれいです。

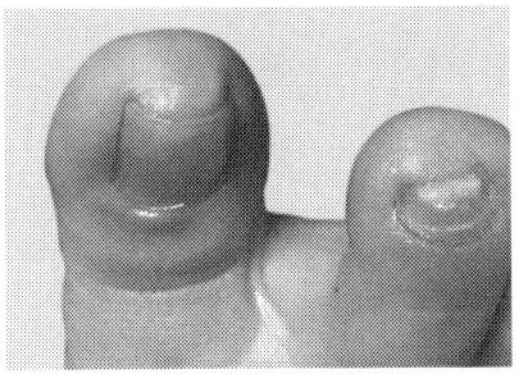
写真１

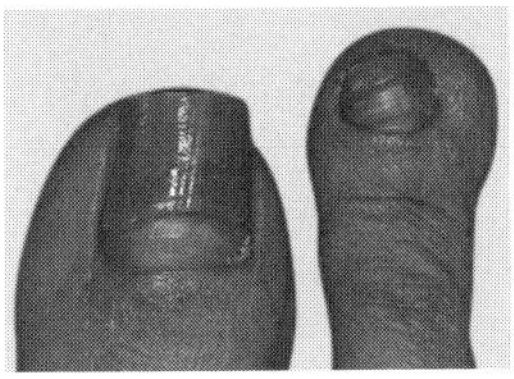
写真２

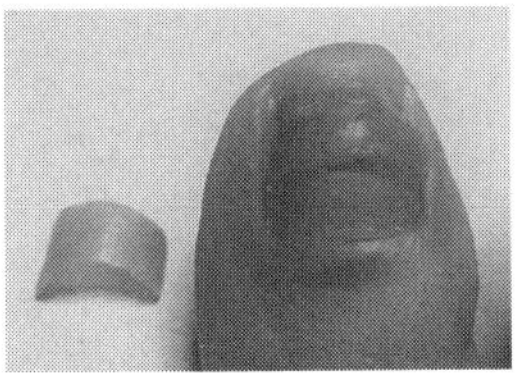
写真３

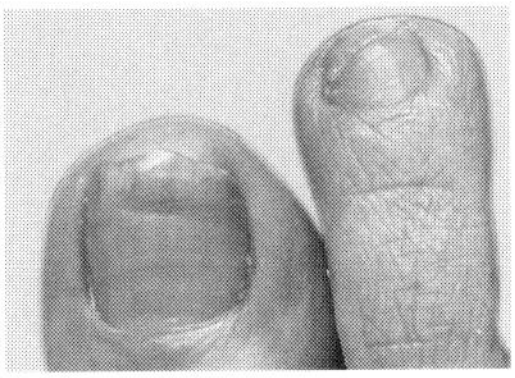
写真４

●染みこむまでオイルを塗る

というわけで、私は何年来の巻き爪を完全克服しました。親指の巻き爪だけでなく、分厚くなっていたり、変形したりしていた他の爪も、すべて生え変わって、きれいになりつつあります。

オイルの威力、恐るべし！　ですね。

巻き爪は、治すのが大変。お医者さんに行くと費用もかかるし、めんどうですよね。以前の私と同じように、痛いのをがまんして、放置している人が多いのではないでしょうか。

私の巻き爪治療法を紹介しておきます。よかったら、挑戦してみてください。

1　普段から、できるだけ足を冷やさないようにする。オイルケア入浴をするとき、足の爪にもオイルを塗って、湯船のなかで軽くマッサージ。

2　会陰マッサージなど、すべてが終わったら、もう一度、足の爪にオイルを塗る。このとき、爪と皮膚のあいだにも、オイルが染みこむようにする。

3 オイルが床や寝具につかないよう、1時間ほど靴下を履いておく。

とにかく足を冷やさないようにして、足の爪にこまめにオイルを塗るだけ。病院へ行くより簡単だし、費用もほとんどかかりません。

5000年の歴史！ インドで行われている女性器のオイルケア

最後に、アーユルヴェーダ産科医であるシャラダ博士からうかがった、インドで行われているオイルを使った婦人病のセルフケアを紹介しておきましょう。

インドでは、オイルケアだけではなく、薬草を使った飲み薬が個人の体質に合わせて処方され、食生活や生活習慣の改善など厳しく指導されるそうですが、残念ながら、ここではオイルケアだけの紹介になります。

日本では入手しにくい薬用オイルなども出てきますが、インドで行われているオイルケアの様子を垣間見ることはできるでしょう。

インドで行われている婦人病の予防や治療のためのオイルケアのうち、セルフケアが可能なものは、だいたい以下の3つになります。

1 サルヴァンガ・アビヤンガ・スヴェーダナ……全身にオイルを塗ったあと、体をあたためて発汗させる。

2 ヨニ・アビヤンガ・スヴェーダナ……骨盤まわりと外性器にオイルを塗ったあと、オイルを塗った部分をあたためて発汗させる。

3 ヨニ・ピチュ……1日1回、3時間ほど、オイルに浸した綿球を膣のなかに入れておく。

インドで使用されているのは、セサミオイルに薬草エキスを配合したものですが、本書ではシャラダ博士と相談のうえ、スキン用スイートアーモンドオイル、スキン用セサミオイルを使用した場合もあわせて表にしました。

薬草エキスを配合していないセサミオイルは排毒効果があるとされているため、妊婦や更年期障害で出血が増えている女性には使用しません。表を参照してください。

×＝行ってはいけない。◎＝とくにすすめられる。○＝行ってもよい。

	使用するオイル	サルヴァンガ・アビヤンガ・スヴェーダナ	ヨニ・アビヤンガ・スヴェーダナ	ヨニ・ピチュ
妊娠37週目に入ったら行う。胎児にも良い効果があるので帝王切開をする場合も行う	・スイートアーモンドオイル ・バラ・タイラ ・CBLオイル	×	◎	◎
出産後に行う	・セサミオイル ・スイートアーモンドオイル ・バラ・タイラ ・CBLオイル	◎ （出産後３日間入浴はしない）	◎ （出産後３日間は行わない）	○ （出産後３日間は行わない）
生理痛（生理になった最初の３日間は行わない）	・セサミオイル ・スイートアーモンドオイル ・バラ・タイラ ・CBLオイル	◎	○	○
更年期障害（生理になった最初の３日間は行わない）	・スイートアーモンドオイル ・バラ・タイラ ・CBLオイル	○	○	○
尿もれ（生理になった最初の３日間は行わない）	・セサミオイル ・スイートアーモンドオイル ・バラ・タイラ ・CBLオイル	○	○	◎
性交痛	・セサミオイル ・スイートアーモンドオイル ・バラ・タイラ ・CBLオイル	○	◎	○
子宮下垂	・セサミオイル ・スイートアーモンドオイル ・バラ・タイラ ・CBLオイル	○	◎	◎
膀胱下垂	・セサミオイル ・スイートアーモンドオイル ・バラ・タイラ ・CBLオイル	○	◎	◎

おわりに

本書は、たつの先生の、幅広い知識や経験から生まれました。私、原田は、たつの先生に教えていただいたことを、できる限り実践し、それをそのまま本書で紹介いたしました。

よくまあ、こんなことまで書いた。あまりに恥知らず、と思う方もいるでしょうが、たつの先生から教わったことを、日本に住んでいるすべての女性に伝えたい、このことはかならず、あらゆる年代の女性の役に立つ、と確信したからこそ、恥知らずは承知ですべてを明らかにいたしました。

私たち日本に住む女性の多くは、日々、緊張のなかで生きています。いつも、なんとなくの不安や、おびえや、イライラを抱えながら、毎日、せかせかと暮らしています。

そのためでしょう。「体調不良なんて、ぜんぜんない」という女性は、ほとんどいないようです。

それでも、多くの女性が、「このぐらいの不調は、きっと誰にでもあるはず。病気というほどではないし、がまんしようと思えばがまんできる。こんなこと、たいしたことではない！」と考え、市販薬を飲んだりしながら、気力で、家事や育児や仕事をこなしているのではないでしょうか。

日本では、ほとんどの女性が冷えや便秘に悩んでいて、出産時の会陰切開やセックスレスはあたりまえ。パートナーのいない女性だって少しもめずらしくないし、骨盤底筋体操なんて、最近まで誰も知らなかったのです。

だからでしょう。私たち日本人女性は、骨盤のなかが冷えようが、乾こうが、硬くなろうが、縮んでも、たるんでも、気づくこともなく、ほったらかし。気づいても、どうすればいいかわからないので、やっぱりほったらかし。

このままでいたら、日本は下にトラブルをかかえる女性ばかりになってしまうかもしれない……。

なんだか、めまいがするような話です。

既婚で出産経験もあるのに、「自分の膣には絶対さわりたくない！」と言う女性。不潔、いやらしい、下品と言わんばかりに眉をひそめ、「そんな話は聞きたくない！」と言う女性。

気持ちはわかります。それは、かつての私だからです。

でも、ほんとうにそれでいいのでしょうか？

日本の性文化のなかで育った私たちにとって、「膣ケア」は、勇気のいることです。

けれども膣は、私たち女性にとって大切な体の一部。見ないふりをして生きていると、大きなリスクを抱えることになってしまいます。

どうか、勇気をもって、自分の膣と向き合ってください。

ちなみに私は、めでたく離婚。二度目だし、いろいろ複雑な思いもありますが、それは、もういい！　そんなことより、これからどうやって人生を楽しむかを考えながら、少しでも明るく楽しく生きていこうと思っています。

本書が、人生を素晴らしいものにしたいと望む、すべての女性のお役に立つことを、心から祈っています。

径書房では、実際に「膣ケア」を行った方の感想を募集しています。書籍やサイトなどで紹介させていただく場合がございますので、ご住所・お名前・ご年齢・お電話番号を明記の上お送りください。
宛先▽径書房（住所は奥付をご参照ください）　メールアドレス▽sales@komichi.co.jp

謝辞

最後にこの場をかりて、お世話になった方々のお名前をあげて感謝したいと思います。

まずは、たつのゆりこ先生。私の、とんちんかんな質問に辛抱強くお答えくださって、まことにありがとうございました。アーユルヴェーダについて、多くをご教授くださった佐藤真紀子さん、香取薫さん、シャラダ先生。私の心に支えとなり、書き続ける勇気をくださった金沢千秋さん。私がアーユルヴェーダに出会うきっかけを作り、現在は鍼灸師を目指して勉強中の山田裕子さん。欧米の事情をていねいに調べてくれた星文さん。オイルマッサージを行った体験を話してくれた多くの女性たち。本書のカバー・章扉イラストを描いてくださった堀川理万子さん。稚拙な原稿を読みやすい形に仕上げてくださった五十嵐千恵子さん、広岡由起子さん、脇田明日香さん、フジタ ヒロミさん。多くのアドヴァイスをくださった島口典子さん、須藤惟さん、渡辺史さん、村上登志子さん。その他、多くの方々の支えと励ましがあったからこそ、本書は刊行に至りました。

心から、ありがとうございました。

２０１７年早春　径書房　原田純

【オイルケア入浴で使用するオイルやスクラブパウダーなどの入手先】

◎生活の木
……https://onlineshop.treeoflife.co.jp/

◎瑞健
……http://zuiken-oil.sn.shopserve.jp/

◎アートビーング
……http://artbeing.com/henna/atharva.html

◎マハラジャロード
……http://maharajaroad.com/

◎アーユルヴェーダのサトウィック
……http://www.sattvikayurveda.com/

上記以外でも、ナチュラルコスメや無添加食品などを取り扱っているお店、またはインドやスリランカなどのエスニック食材などを扱うお店でも取り扱っているところがありますので、お近くにあれば、直接お問い合わせください。インターネットを使えば、インドからの取り寄せも可能です。

【本文や注で掲載した以外の主な参考文献】

『女性のためのアーユルヴェーダ』
ウパディヤヤ・カリンジェ・クリシュナ／著　春秋社（1998/1）

『女性の生き方を変える更年期完全ガイド
——心身の健康から、ホルモン療法、ダイエットまで』
クリスティアン・ノースロップ／著　坂本忍・工藤秀機／監修　片山陽子／訳
創元社（2004/9）

『フランス式骨盤底《ペリネ》ダイエット』
国陶三省／著　ベストセラーズ（2013/11）

『ヴァギナの文化史』
イェルト・ドレント／著　塩崎香織／訳　作品社（2005/5）

指導・監修者：たつの ゆりこ
1960年、鹿児島県生まれ。助産師・鍼灸師・看護師。北里大学病院（産科新生児室）、日大板橋病院（産科/ICU・CCU）、山西助産所など、大学病院から助産院、自宅出産介助まで幅広い業務経験を持ち、東洋医学、アーユルヴェーダの知識を活かして活躍。現在、「Be born助産院・産後養生院」院長として、お産の介助、出産前後の女性の心身のケアを行っているだけでなく、「伝統医学応用研究所」を立ち上げ、女性のこころと体についての勉強会などを開催している。著書に『赤ちゃんにもママにも本当に大切な 産前産後7週間の過ごし方』（ブルーロータスパブリッシング〈インプレス〉）がある。

著者：原田 純
1954年、東京都生まれ。編集者。15歳で和光学園高校中退。1980年、長女出産。印刷会社に勤務ののち、職業訓練校で学び、版下製作会社に勤務。1989年、径書房に入社。現在、径書房代表取締役。著書に『ねじれた家 帰りたくない家』（講談社）、岸田秀氏との対談『親の毒 親の呪縛』（大和書房）、『人生最高のセックスは60歳からやってくる』（径書房）がある。
YouTubeチャンネル「【ちつのトリセツ】原田純」配信中

カバー・章扉イラスト／堀川理万子
本文イラスト／フジタ ヒロミ（ビューンワークス）
装丁・本文デザイン／脇田 明日香
編集／五十嵐 千恵子

ちつのトリセツ
劣化《れっか》はとまる

2017年 3月10日　第1刷発行
2025年 2月14日　第24刷発行

指導・監修者　たつの ゆりこ
著　者　原田《はらだ》 純《じゅん》
発行所　株式会社 径《こみち》書房
〒150-0043　東京都渋谷区道玄坂1-10-8
渋谷道玄坂東急ビル2F-C
電　話 03-6666-2971　FAX 03-6666-2972
印刷所　明和印刷 株式会社
製本所　株式会社 積信堂

ISBN978-4-7705-0222-3